você não vai mais conseguir vender assim

Diretora
Rosely Boschini

Gerente Editorial
Marília Chaves

Assistente Editorial
Juliana Cury Rodrigues

Controle de Produção
Karina Groschitz

Projeto Gráfico e Diagramação
Vanessa Lima

Revisão
Adriana Bairrada

Capa e Verso
Fernando Marcos Pereira Junior

Editoração da Capa
Danilo Oliveira

Impressão
Gráfica Assahi

Copyright © 2017 by Guilherme Machado
Todos os direitos desta edição
são reservados à Editora Gente.
Rua Wisard, 305, sala 53
São Paulo, SP – CEP 05434-080
Telefone: (11) 3670-2500
Site: www.editoragente.com.br
Email: gente@editoragente.com.br

Dados Internacionais de Catálogo na Publicação (CIP)
Angélica Ilacqua CRB-8/7057

Machado, Guilherme
    Você não vai mais conseguir vender assim: Quebre as regras e torne-se um
profissional de alto impacto: reconstrua o que você sabe sobre vender / Guilherme
Machado. – São Paulo : Editora Gente, 2017.
    224 p.

ISBN 978-85-452-0185-4

1. Negócios 2. Sucesso nos negócios 3. Vendas 4. Vendedores I. Título

17-0942
CDD 650.1

Índice para catálogo sistemático:
1. Sucesso nos negócios 650.1

você não vai mais conseguir vender assim

Quebre as Regras e torne-se um
profissional de alto impacto:
reconstrua o que você sabe sobre vender

Guilherme Machado

dedicatória

Este livro é dedicado a todos os vendedores que realmente querem mudar a vida para melhor. Esta é uma oportunidade única para você descobrir o maior segredo do sucesso: que, na verdade, ele não tem segredo nenhum.

Dediquei anos da minha trajetória para alcançar o meu sucesso e hoje dedico a minha vida para que você alcance o seu.

Bem-vindo à conquista dos seus planetas!

agradecimentos

Uma vez li uma história que me chamou muito a atenção, e tem tudo a ver com a minha trajetória. É sobre um empresário que estava em casa em um sábado com o filho e precisava preparar o que falaria aos seus subordinados na segunda-feira. A empresa estava em um período delicado e ele tentava se concentrar sobre o que falaria para motivar as pessoas que trabalhavam para ele.

Como o dia estava bastante chuvoso, o menino estava em casa, entediado sem ter nada para fazer e isso desconcentrava o pai. Buscando uma solução, ele achou em uma revista velha a imagem do universo, a cortou e entregou para o garoto, dizendo: "Filho, se você conseguir montar essa imagem de novo, eu vou deixar você escolher dois bombons da caixa de chocolates especiais que você tanto gosta".

O menino sorriu e pegou o quebra-cabeça feito com as páginas da revista e sumiu para o seu quarto de brincar. Algum tempo depois, o empresário ouve batidas na porta do escritório onde ainda estava buscando inspiração e qual foi a surpresa ao ver seu filho de volta, com a imagem toda montada corretamente!

"Filho, como você conseguiu terminar tão rápido esse quebra-cabeça?" – Ele perguntou, espantado.

8   você não vai mais conseguir vender assim

O menino então sorriu e mostrou a imagem de trás da página onde estava o universo: "Ah, foi muito fácil, papai! Na parte de trás do mapa, estava a imagem deste homem. Então, eu coloquei uma folha embaixo e montei a foto do homem. Depois, coloquei mais outra folha por cima e virei. Imaginei que se o homem estava certo, o universo dele estaria também".

O empresário sorriu e passou a mão pela cabeça do filho: "Você me deu uma bela lição com isso! Se um homem estiver certo, seu universo estará certo também". Em seguida, ele pegou a caixa de chocolates especiais e deixou que o menino escolhesse seus bombons preferidos, indo feliz para a sala.

Essa história é de uma profundidade para mim, porque toca justamente na minha história. O pai representa, na minha vida, todas as pessoas que não acreditaram em mim, que falaram que eu não conseguiria, as vezes que pensei em jogar tudo para o alto, quando minhas crenças limitantes falaram mais alto e eu quase desisti. Mas como eu queria muito o meu sucesso, representado pelos chocolates especiais que o menino ganhou, peguei todos esses recortes e comecei a resolver esse quebra-cabeça e montei o meu universo e me tornei o que sou hoje.

Agradeço a todas essas pessoas e também a esses momentos. Mas também quero agradecer a todo mundo que fez parte dessa minha jornada de forma positiva. Em especial Gustavo Figueiredo que, quando abandonei a carreira de executivo, falei que iria citá-lo quando lançasse meu primeiro livro (uhul, lançado!)

O meu muito obrigado a Mariana Ferronato, diretora de marketing do portal VivaReal, por sempre acreditar em mim.

Gratidão eterna a minha amiga e parceira Daniele Guidoni, por todos os momentos vividos juntos. Você é foda!

Gustavo Moulin Ribeiro, primo querido, que nunca me desamparou.

Minha equipe, que sempre esteve ao meu lado em todos os momentos: Fernando Júnior, Naiara Bolzan, Jéssica Guimarães, Marina Amorim e Juliana Radaelle.

Ao meu grande amigo e irmão, Jonathas Freitas, um empreendedor foda que sempre foi uma fonte de inspiração.

Ao meu grupo do QR MIND pela cumplicidade e confiança. Tenho certeza que estamos construindo algo realmente de muito valor para o mercado.

E aos meus familiares, principalmente minha mãe, Aline, pelo dom da vida e pelo amor; tia Alice, madrinha querida que nunca desistiu de mim; e meu irmão São Giuliano (tão bom que parece um santo).

E por fim, àquela força maior que rege o universo, que sem ela, não somos nada.

sumário

prefácio..13

introdução...21

capítulo 1
como vim parar aqui?..27

capítulo 2
conquistando os seus planetas 43

capítulo 3
seja um vendedor quebra-regras 53

capítulo 4
mindset: treine sua mente para o pensamento positivo 65

capítulo 5
autossabotagem: fatores internos que impedem o seu sucesso 77

capítulo 6
mapa mental: identifique onde você está e saiba para onde ir 91

capítulo 7
crenças limitantes e crenças positivas:
aprenda a ter uma mente vencedora................................103

capítulo 8
quoeficiente de adversidade: o diferencial para o sucesso nas vendas......117

capítulo 9
pare de vender produtos: venda *insights* 131

capítulo 10
desconstrua mitos: aprenda a lidar com seus clientes 147

capítulo 11
estratégia de vendas: saiba diferenciar os três tipos de clientes.............. 157

capítulo 12
especialize-se: escolha o nicho de atuação e o seu cliente ideal............. 175

capítulo 13
persuasão: perguntas inteligentes para vender mais.............................. 187

capítulo 14
prospecção: domine as diferentes formas
de vender para 100% da pirâmide do momento de mercado 199

decida-se agora! 211
referências bibliográficas 218

prefácio

Vou começar este prefácio sendo brutalmente honesto, como geralmente sou (como o Guilherme). Temos hoje uma cultura de evitar assuntos mais sérios, mais pesados, que nem sempre levam ao ótimo desempenho e à alta performance. Mas se você está lendo este livro é porque está na nossa tribo do *mindset* de crescimento, e sei que podemos ter esta conversa mais franca e aberta.

A realidade brutal é que a maior parte dos vendedores no Brasil não têm resultados porque sofrem do mal do amadorismo. Não é popular falar sobre isso, não aumenta *pageviews* em blogs, não dá mais curtidas no Facebook, não dá mais visualizações no Youtube e provavelmente, não vende mais livros. Mas é a verdade.

E isso dói. Dói porque vendedores e vendedoras são bem-intencionados, trabalham muito, fazem muito esforço, dedicam-se, atendem, apresentam, negociam, sofrem, torcem... Mas acabam confundindo todo este movimento com resultados, eficiência e performance.

Daí temos uma realidade duríssima e doloridíssima de pessoas fazendo muita força para poucos resultados. Isso desmotiva, desanima, traz rendimentos menores e cria uma espiral viciosa negativa que precisa ser quebrada.

Nessas horas todo mundo propõe, de maneira rasa e superficial, uma mudança de atitude. Quero questionar isso. Na verdade, aprofundar o conceito. Você precisa mudar sua atitude sim (tudo começa com a mudança de atitude). E depois? O que fazer? Para onde canalizar essa energia?

Ou seja: só motivação não adianta. Só dedicação não adianta. Motivação tem de andar junto com competência. E para isso precisamos ter o *mindset* certo, que é o de crescimento. Gostei deste livro do Guilherme e aceitei o desafio de fazer o prefácio justamente porque está alinhado com o que existe hoje de mais atual e prático em termos de melhoria de resultados e alta performance.

De longe, o erro mais comum que vejo em pessoas de baixa performance é o do *mindset* fixo. Guilherme fala rapidamente sobre isso em um de seus capítulos, mas acho que vale a pena aprofundar, pois, se a alta performance tem um "princípio principal", uma "prioridade prioritária", o *mindset* de crescimento (que é o oposto do *mindset* fixo) seria esse princípio, essa prioridade.

Deixe-me explicar um pouco mais o conceito dos *mindsets* fixos e de crescimento; isso pode ajudar você a entender melhor e também já ver onde você e as pessoas à sua volta têm passado a maior parte do tempo.

Uma pessoa de *mindset* fixo acha que já se nasce com competências e habilidades. Ou você tem, ou não tem. Ou você é bom, ou não é. Ou nasceu para isso, ou não nasceu.

Uma pessoa de *mindset* de crescimento acredita que tudo pode ser melhorado, inclusive (e principalmente) nela mesma.

Note a diferença:

16   você não vai mais conseguir vender assim

Uma pessoa de *mindset* fixo vai dizer: "Não adianta, não sou bom ou boa com matemática (ou música, esportes, dança, relacionamentos, dinheiro etc.)".

Uma pessoa de *mindset* incremental vai dizer: "**Ainda** não sou bom/ boa...".

Notou a diferença? No longo prazo os resultados das duas posturas são incrivelmente significativos.

Mais: pessoas de *mindset* fixo acham que pessoas de sucesso não fazem muita força. Se você precisa fazer força é porque não tem habilidade, não nasceu para isso. Se tivesse nascido não precisava fazer força. Isso é um erro muito comum nas pessoas de baixa performance, que usam como referência de sucesso as histórias que aparecem na mídia e que só reforçam o *mindset* fixo.

Vemos fotos de pessoas viajando, histórias de sucesso, muito dinheiro, gente feliz e sorrindo... e parece que toda história é só uma escala ascendente de sucesso. Como se as pessoas que "chegaram lá" não tivessem caído, quebrado, errado. Tenho entrevistado, há mais de 20 anos, pessoas de sucesso em suas profissões e posso garantir: a vida delas tem muitos mais baixos do que se imagina.

Quando você conhece melhor as histórias dessas pessoas, descobre que foram justamente os momentos mais baixos da vida que marcaram e definiram seu sucesso. Foi ali, nos momentos de maior dificuldade, que as decisões mais fortes foram feitas, onde convicções foram definidas e resoluções tomadas, onde a pessoa disse: "Chega! Não quero isso para minha vida. Chega! Preciso mudar!".

Nessas horas o *mindset* correto é fundamental.

Mindset fixo coloca a culpa do fracasso ou do insucesso nos outros. No *mindset* de crescimento, o da alta performance, a responsabilidade é sempre nossa.

Mindset fixo se deprime com erros e insucesso ("Não adianta, não sou bom mesmo, não nasci para isso".) *Mindset* de melhora vê o insucesso como motivador ("Já sei o que preciso melhorar").

Mindset fixo pensa: "Se poucas pessoas têm sucesso, eu não vou conseguir". *Mindset* de crescimento pensa: "Como fizeram as pessoas que tiveram sucesso?".

Mindset fixo não pergunta, com medo de parecer burro ou ignorante. *Mindset* de crescimento pergunta o tempo inteiro – a curiosidade é muito maior do que uma possível vergonha.

Mindset fixo não acredita em estudar e se desenvolver (ou você é bom ou não é). *Mindset* de crescimento consome informação, testa e coloca em prática o tempo inteiro.

Mindset fixo está cômodo não só com seus resultados, mas com sua forma de trabalhar e vender (Está funcionando, não mexe!). *Mindset* de crescimento está permanentemente incômodo com seus resultados e com sua forma de trabalhar e vender (Sempre dá para melhorar!).

Mindset fixo tem medo de testar coisas novas, pois precisa do resultado de curto prazo. *Mindset* de crescimento está pensando lá na frente.

Mindset fixo não acredita em fazer muita força, em persistência. Se você é bom e tem habilidade, deveria ser fácil. *Mindset* de crescimento sabe que tudo demora mais do que queríamos e que planos precisam ser refeitos e revistos.

18 você não vai mais conseguir vender assim

Mindset fixo acha que o fracasso é ele ou ela. ("Sou um fracasso"). *Mindset* de crescimento entende que o fracasso é um resultado, uma consequência ("As coisas que fiz não deram certo").

Mindset fixo acha que o sucesso é ele ou ela. ("Sou um sucesso!"). *Mindset* de crescimento entende que o sucesso é um resultado, uma consequência ("As coisas que fiz deram certo").

Se eu tivesse um grande conselho final para terminar este prefácio e encaminhá-lo para começar a jornada dos planetas com o Guilherme, eu diria o seguinte:

Adote sempre que puder o *mindset* de crescimento.

Analise de maneira rápida e faça o cálculo comigo:

- O Brasil tem milhões de vendedores.
- Uma porcentagem desses milhões vai comprar este livro.
- Dessa porcentagem, uma parcela nem vai ler o livro (acredite, é muito comum – a pessoa compra e acha que só assim já ficou mais inteligente e já fez o que tinha que fazer).
- Dos que leram, menos da metade vai colocar alguma coisa em prática.
- Dos que colocarem em prática, alguns vão testar de maneira tímida e desistir diante da primeira dificuldade.
- Temos, ao final da lista, uma pequena parcela de vendedores que vai comprar, ler, colocar em prática, aprender, adaptar e, finalmente, incorporar no seu dia a dia.

É nesta pequena parcela que eu quero ver você – uma lista seleta de campeões, de pessoas de alta performance, com a mentalidade, a postura, a atitude e o *mindset* corretos: de crescimento e melhoria. De sair da zona de conforto e testar algo novo.

O Guilherme é um gênio. Sei disso porque conheço todo mundo no mercado e reconheço rapidamente quem é diferenciado. Guilherme é assim. Este livro também.

Mas ele não vai fazer nenhuma mágica. A mágica vai acontecer quando você, com *mindset* de crescimento, colocar em prática o que o Guilherme ensina (ou relembra) para você nas próximas páginas.

Essa é a mágica – você e o Guilherme juntos, na jornada dos planetas, uma jornada de transformação pessoal e profissional.

Permita-se sair um pouco da zona de conforto. Deixe o autor levá-lo. Não fique apenas lendo os exercícios, faça-os. Coloque em prática. Faz muita diferença – nada acontece de verdade enquanto você não agir.

Agora é com você, campeão, é com você, campeã. Vá lá, leia, pense, aplique, quebre as regras... e VendaMais.

Como diria o Guilherme: vejo você lá no alto, lá em cima, no pódio. Que é o lugar onde você **merece** estar.

Abraço, boa leitura e boas vendas.

Raul Candeloro
Diretor VendaMais

introdução

magine que você vai escalar o Monte Everest. É a montanha mais alta da Terra, cujo pico fica a mais de 8.848 metros acima do nível do mar e, segundo a revista Superinteressante, o frio no topo pode chegar a 70 graus negativos (isso mesmo, negativos, tão frio que não dá nem para a gente imaginar como deve ser isso), e sem contar que o lugar só tem 30% do oxigênio que existe na beira do mar e as avalanches que podem acontecer a qualquer momento.

Difícil iniciar uma escalada tão difícil como essa da noite para o dia, não é mesmo?

Você tem de pensar em tudo inicialmente: no seu preparo físico e psicológico, em quem vai acompanhá-lo nessa jornada, quais os equipamentos, sem contar nos custos disso tudo e o tempo que você vai gastar. Afinal ninguém quer ficar para trás e se tornar um dos "marcos" de outros escaladores (ao longo da caminhada até o cume estão os corpos de outros escaladores, que morreram em sua caminhada. Como a retirada dos corpos é muito difícil, eles acabam se tornando pontos de referência para outros aventureiros).

Você vai me perguntar: mas este é um livro para ensinar a chegar ao topo do Everest ou é um livro que vai me ensinar sobre vendas?

E não é exatamente isso o que você quer para a sua carreira? Chegar no topo, tornar-se um profissional de vendas de alta performance, aquele que irá quebrar todas as regras e mostrar a que veio para o mundo? Então, não há muita diferença entre você e um escalador no Everest. Ninguém chega do dia para a noite no topo de sua carreira. Estamos falando aqui de muito estudo, muito conhecimento e muita vontade de chegar lá em cima, de quebrar as regras!

Uma venda, assim como a escalada, é um projeto. No seu caso, o seu projeto de vida profissional. E ele deve ser desenvolvido a longo prazo, com paciência, vontade de aprender e consciência de que você, a partir da leitura deste livro, estará a um passo de ser o melhor profissional de vendas.

> **As oportunidades só aparecem para quem está preparado. Quem não se capacita, vai sempre achar que o outro tem muita sorte.**

Eu tenho uma filosofia bem diferente sobre aquele velho ditado de "dar o peixe e ensinar a pescar". Sou a favor de dar o peixe, ensinar a pescar e ainda mostrar o melhor lugar onde estão os maiores peixes. A partir daí, é com você, profissional de vendas que quer chegar ao topo de sua carreira.

E neste livro eu reuni exatamente tudo o que eu sei, tudo o que eu aprendi, com os mais de 20 anos atuando na área de vendas. Sei todas as dores e os dissabores que é ser um vendedor. Mas também sei o quão gratificante e emocionante é essa profissão, que ainda é muito marginalizada e não tem o seu devido reconhecimento.

MUDE OU MORRA

Reuni, em cada um dos capítulos deste livro, conceitos que vão ajudar a mudar a sua mente, o seu *mindset*, para que você enxergue todas as oportunidades que estão escondidas porque não ousou sair da sua rotina. Você verá técnicas matadoras que farão suas vendas crescerem e ensinarão que a vitória não é conquistada da noite para o dia e sim sob muito suor, lágrimas e esforço.

Você está em um limiar: é mudar o seu comportamento a partir de hoje, com a leitura deste livro, ou morrer na escalada para o cume do seu Everest (ou até mesmo antes mesmo de começá-la). E não é isso o que você quer, já que começou a ler este livro, não é mesmo? E nem eu quero que isso aconteça com você.

Vou "pegar na sua mão" e te levar para onde estão os melhores peixes. Mas isso não quer dizer que você não fará nenhum esforço. Com a leitura dos capítulos, verá quão difícil é deixar algumas crenças para trás e treinar a sua mente para enxergar apenas a positividade das coisas. Nós vamos falar sobre os tipos de clientes e a forma certa de lidar com cada um, para que você jamais perca uma venda novamente por não saber ler e entender o seu cliente.

Você irá aprender formas certas de se abordar um cliente no salão de vendas e não deixar que ele se disperse sem que seja feita a compra. E o mais importante: vou ensinar como manter esses clientes e fazer com que eles vendam por você, trazendo novos clientes.

> **Liberte-se de conceitos preestabelecidos. Foque na demanda do seu cliente, satisfaça as necessidades dele e venda!**

Seguindo as técnicas e os conceitos que passo aqui (que foram pesquisados e utilizados por profissionais renomados de todas as áreas de venda, psicologia, engenharia etc.), garanto que você dará um salto de mais de 1000% nos resultados das suas vendas.

Por quê?

Porque eu acredito em você. Acredito na sua capacidade e na sua vontade de querer chegar ao topo, reservado para poucos, apenas os mais corajosos, que quebraram todas as regras e venceram esse grande desafio que é se destacar e ser o melhor profissional que puder ser.

Pois a hora de se destacar é esta. O momento de chegar ao topo é agora. Vamos junto, rumo a nossa escalada!

Te vejo no alto!

como vim parar aqui?

capítulo 1

Meu nome é Guilherme Machado e sou criador do Movimento Quebre as Regras, que propõe uma forma diferente de enxergar o mercado e novas ações que podem ser adotadas pelos profissionais para obterem sucesso e se diferenciarem no mercado. Acredito que a educação e o conhecimento são fundamentais para o aprimoramento e sucesso do profissional. E é por isso que desde 2012 decidi mudar minha vida completamente e me tornar *coach* de alta performance e consultor, e hoje sou um dos mais assistidos no país.

Venho do mercado imobiliário e já fui corretor, coordenador comercial, gerente comercial, diretor comercial, diretor executivo e sócio de uma grande imobiliária do Espírito Santo. E em 2012, tomei uma grande decisão na minha vida e para a minha carreira: vendi minha parte na sociedade e decidi empreender no mercado de palestras, treinamento e educação do Brasil.

Por quê?

Porque este é o meu propósito de vida. Muita gente me pergunta por que larguei a área executiva para ser palestrante quando eu poderia estar desfrutando de tudo o que conquistei até então. No entanto, tenho um propósito, que é elevar a carreira de vendedor aos mais altos patamares da legitimidade perante a sociedade. Vamos fazer isso por meio de conhecimento, capacitação e desenvolvimento do profissional.

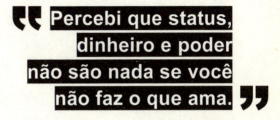

O conceito da profissão de vendedor mudou – e muito – ao longo dos anos. Mas ainda existem duas distinções muito fortes que separam os tipos de profissional que estão no mercado hoje. De um lado, há o vendedor que se identifica com a área, que gosta de trabalhar com atendimento e quer sempre superar desafios, mas ainda lhe falta qualificação para ser um profissional de excelência.

Por outro lado, há o profissional que caiu de "paraquedas" nesse mundo, seja por falta de opção, necessidade ou por não ter dado certo em outra profissão. E é por isso que uma quantidade expressiva de vendedores não se enxerga como profissionais da área, pois consideram a passagem pelas vendas como algo momentâneo, um meio para conseguir chegar a outro objetivo.

Foi exatamente o que aconteceu comigo, há mais de 20 anos, quando iniciei no setor de vendas. Com cerca de 17 anos, após estagiar no Tribunal de Contas, sonhava em passar no vestibular da Universidade Federal do Espírito Santo (UFES) e ingressar na área pública como servidor.

Porém, não passei no vestibular e precisava de um emprego, afinal, não teria mais o estágio. Recomendado por um tio, entrei no setor comercial

30   você não vai mais conseguir vender assim

como vendedor de cosméticos de porta em porta. Depois de dois anos, a empresa faliu e, mais uma vez, me vi sem perspectivas, com contas para pagar e urgência em ganhar dinheiro.

Foi então que surgiu para mim a oportunidade de trabalhar no ramo imobiliário como corretor de imóveis. Na época, a minha intenção era conseguir um trabalho temporário, um "bico", até que algo melhor aparecesse. No entanto, a área de vendas consegue ser muito desafiante e apaixonante e encontrei minha vocação ao entender qual é o real papel de um vendedor.

O começo foi bastante complicado. Houve uma época em que fiquei mais de 90 dias sem vender. Estava estressado, tenso. As contas começaram a se acumular e a cada hora que o telefone tocava, eu tinha um "mini-infarto", imaginando que fosse algum credor. Quase não atendia mais às ligações por vergonha de ser cobrado.

Mas nunca me conformei facilmente. Para mim, era impossível pensar que eu não teria sucesso. Não me permitia acreditar que não aproveitaria a minha fatia do bolo do mercado de vendas, pois via muitos dos meus colegas venderem e venderem muito, e eu queria ser como eles, queria ser campeão.

Foi então que resolvi fazer algo por mim. Certa tarde, fui a um dos pontos turísticos mais conhecidos do Espírito Santo, o Convento da Penha, um monumento histórico e religioso que fica localizado cerca de 150 metros acima do nível do mar e de onde eu podia ter uma noção geral da minha área de trabalho, a cidade de Vila Velha, região litorânea com muitas casas e prédios comerciais e residências.

E lá de cima, vendo a imensidão do meu mercado em potencial, comecei a refletir que não era possível que em meio àquele vasto mar de oportunidades eu não encontraria nenhum cliente.

Então, passei a me questionar:

"Os meus colegas têm as mesmas 24 horas por dia que eu tenho; por que eles vendem e eu não?"

"O que não estou fazendo para alcançar o sucesso que quero, para conseguir enfim fechar as minhas vendas?"

Eu queria muito ser um corretor melhor, queria confiar mais em mim. E dessas perguntas vieram provocações necessárias para a mudança que eu tanto precisava.

Compreendi que a diferença entre mim, que não vendia, e o meu colega corretor, que vendia, estava justamente nas minhas atitudes, em como eu aproveitava as mesmas 24 horas do dia. Nesse processo, descobri que precisava provocar uma grande ruptura na forma como me posicionava profissionalmente e na maneira como me relacionava com os meus clientes.

Isso não foi fácil, pois tive que reconhecer e combater as minhas limitações: a falta de preparo, a vergonha de ligar para o cliente, o medo de receber um não como resposta, o desconhecimento do mercado e dos imóveis com os quais trabalhava.

> **Sem ações concretas, o resultado almejado não passa de um sonho.**

E apesar de desafiante, essa mudança foi vital para o meu desenvolvimento. Passei a identificar fraquezas e forças em mim que eu desconhecia e a trabalhar em cima delas para eliminar o que me prejudicava e potencializar o que me ajudava.

32   você não vai mais conseguir vender assim

Percebi que, apesar da minha pouca experiência, eu tinha verdadeiramente uma vontade enorme de aprender e crescer profissionalmente. E isso me deu forças para continuar firme no mercado e enfrentar com mais empenho as minhas dificuldades.

Quando retornei ao escritório, voltei decidido a mudar radicalmente o meu comportamento. Comecei a estudar mais, no intuito de conhecer a empresa onde trabalhava, os produtos que oferecia e o meu mercado. Comecei a pesquisar e a aprender novas técnicas de atendimento.

Resolvi revisitar os imóveis que eu já conhecia, visando descobrir atrativos ainda não explorados. Mapeei em minha agenda os clientes com os quais ainda não havia feito contato e também os clientes atendidos anteriormente e que não haviam fechado a compra. Fiz uma revisão de todo o meu histórico de atendimento, buscando encontrar falhas de abordagem que poderiam ser contornadas.

Comecei a ligar para todos os clientes mapeados. Só que desta vez eu estava diferente, mais qualificado, entusiasmado e acreditando verdadeiramente na possibilidade real de conseguir a venda.

E em umas dessas ligações, consegui agendar um encontro pessoal com um cliente e em seguida uma visita a alguns imóveis e converti aquele atendimento em uma venda.

Finalmente o ciclo de mais de 90 dias sem fechar nenhum contrato havia sido rompido. Um resultado que só foi possível graças a um profundo processo de autoanálise e de busca por novos conhecimentos e novas atitudes.

E assim, nessa jornada, entendi que as mudanças, apesar de necessárias e vitais, na maioria das vezes são dolorosas. Elas nos incomodam, pois nos fazem sair da zona de conforto, mas é isso que nos faz evoluir profissionalmente.

Com o passar dos dias fui aprendendo que ser um corretor de imóveis é estar em processo permanente de aprendizado, pois é uma profissão que se consolida no dia a dia, a cada atendimento realizado, a cada venda fechada e a cada desafio a ser vencido.

Com essa compreensão, todos os dias, ao voltar para casa, eu buscava nos estudos e nos livros um aprendizado novo. Também procurava conversar com pessoas mais experientes, tentando extrair delas algum conhecimento ou prática que poderia incorporar ao meu dia a dia.

Passei a me comportar como uma esponja seca, ávida por absorver novos conhecimentos. Comecei a expandir a minha rede de contatos, buscando me relacionar com todo mundo, até com quem não era do mercado imobiliário. Com muita humildade, pedia ajuda e estava atento a tudo que me diziam, mesmo que em muitos casos as experiências não se adequassem ao meu mercado. A minha vontade de aprender me permitia ter um "ouvido gigante".

Nesse processo aprendi, cresci e evolui como corretor de imóveis. Experimentei momentos de êxito e também de incontáveis fracassos, mas tudo o que vivi foi vital para que uma grande transformação acontecesse na minha vida.

O MOMENTO DA VIRADA

Depois de um tempo trabalhando como corretor na mesma imobiliária onde iniciei minha carreira, decidi me desligar da empresa e mudar de estado. Porém, o que eu havia programado para mim nessa nova etapa da vida não saiu como esperado e resolvi regressar. De volta ao Espírito Santo, consegui retomar a minha história no segmento capixaba de imóveis e, desta vez, em uma das mais importantes e, respeitadas imobiliárias do estado.

Aquele corretor que havia caído de paraquedas no mercado imobiliário já não existia mais. Havia passado por muitas coisas, boas e ruins, já tinha ficado meses sem vender, mas também já havia ficado várias vezes entre os corretores campeões de vendas. A essa altura, eu tinha certeza de que era no mercado imobiliário que construiria de fato uma carreira de sucesso. Eu tinha "pegado gosto"!

Pelas experiências que vivi e por tudo o que aprendi trabalhando no setor, os meus sonhos foram ficando mais ambiciosos. Eu não queria ser apenas um bom corretor de imóveis. Queria mais, queria ser dono do meu próprio negócio.

E o desejo de consolidar esse objetivo me impulsionou a ir em busca da resposta que talvez valha mais de R$ 1 milhão, resposta que vamos desvendar ainda ao longo deste livro e que é fruto deste grande mistério: O que faz um vendedor de alto padrão se diferenciar dos demais e conquistar um lugar de destaque? O que o torna um vendedor de sucesso?

À medida que eu aprofundava a busca por essa resposta e imergia na área de vendas, aflorava em mim um sentimento jamais imaginado: a paixão pela profissão. Quanto mais eu compreendia o que realmente era estar nessa área, mais me apaixonava pelo que fazia e mais um passo era dado rumo à realização dos meus objetivos.

A fotografia mental que eu fazia para o meu futuro era de um empresário de sucesso, dono do meu negócio. Eu queria ser grande e estar entre os grandes e foi para esse horizonte que direcionei o meu foco.

Quando defini o que queria ser, não sabia exatamente o que eu devia fazer para chegar até lá. Somente sabia que precisaria de novas estratégias para alcançar esse novo patamar. Movido por esse entendimento, fui cavando as minhas chances de me destacar.

> **O sucesso requer equilíbrio. A diferença entre quem sonha e quem tem objetivo está na consciência de suas atitudes.**

Nessa época, a imobiliária em que trabalhava estava passando por um processo de expansão e senti que aquele poderia ser o meu momento, a minha grande virada.

Percebia uma grande lacuna na formação dos corretores recém-chegados ao mercado, assim como eu também tinha quando iniciei minha carreira. Despreparados, a maioria desses novos profissionais encarava o salão de vendas como se eles tivessem sido jogados numa cova de leões, prestes a serem devorados. Não havia alguém que os apoiasse ou mostrasse um caminho possível.

Eu já tinha passado por essa mesma situação e vi nessa fraqueza do mercado a oportunidade de marcar o meu território. Comecei a colar nos novatos, a apoiá-los e orientá-los para que eles não cometessem os mesmos erros que cometi e pudessem alcançar melhores resultados.

Eles começaram a ver em mim um corretor diferenciado, um profissional em quem poderiam confiar e se espelhar. Minha fama de "bom companheiro", de "liderança", começou a se espalhar pela equipe e os

36 você não vai mais conseguir vender assim

donos da imobiliária começaram a me ver também como um profissional diferenciado, como alguém com quem eles poderiam contar para o crescimento do negócio.

Aqui vale uma dica de ouro para você que, assim como eu, também deseja se destacar: Não encare seu colega de vendas como concorrente sanguinário. Ele pode ser um excelente parceiro. Pratique a solidariedade, o companheirismo, a gratidão, partilhe experiência e conhecimento, seja humilde. Isso pode te levar longe.

Nessa época, havia um escritório da imobiliária que estava passando por dificuldades e a direção da empresa estava em busca de um novo gerente para assumir o comando na unidade. Nessa hora liguei o botão de alerta, pois aquela poderia ser a minha oportunidade.

A gerência, num primeiro momento, não foi confiada a mim, mas foi proposta a outro corretor mais experiente. No entanto, esse profissional não aceitou o desafio, pois teria que abrir mão de suas vendas e, assim, reduzir seus honorários para gerenciar aquela unidade. Afinal, a função não era fácil. Nenhum corretor queria ir trabalhar nesse local, porque lá se vendia pouco.

Aquela recusa significou o momento ideal para eu explorar o diferencial que já vinha construindo desde que comecei a apoiar os corretores novatos. E assim, mesmo com o receio de receber um sonoro "não", eu me coloquei à disposição para o cargo.

Após algumas conversas para o convencimento de que eu estaria preparado para a função, fui aceito como gerente e passei a trabalhar diretamente com o filho do dono da imobiliária. De corretor de imóveis passei a gerente. Com cerca de 90 dias de trabalho, conseguimos recuperar as vendas daquele escritório e alavancamos importantes resultados para a empresa. A partir daí minha carreira ganhou novo rumo.

Como gestor de equipes me dediquei a investir fortemente em capacitação, pois entendia que a chave para o desenvolvimento profissional estava no conhecimento e, sobretudo, na forma como o conhecimento era efetivamente aplicado. Criei um novo padrão de formação baseado num aprendizado alinhado a uma prática diferenciada. Sendo assim, o corretor que desejava trabalhar conosco passava por uma entrevista comigo, além de um treinamento de 60 dias.

Eu ainda não tinha consciência disso, mas foi estando à frente desse projeto de capacitação que começava a nascer o palestrante Guilherme Machado, um apaixonado por ajudar o desenvolvimento da carreira dos mais diferentes profissionais da área de vendas.

Depois de gerente, virei diretor comercial e, por fim, sócio dessa imobiliária, que ainda hoje é uma das mais importantes empresas do cenário imobiliário capixaba. Conquistei prestígio, status e reconhecimento. Cheguei a receber honorário na casa dos seis dígitos. Superei muitos desafios, medos, resistência e desconfiança. E foi vivendo tudo isso que descobri o verdadeiro segredo por trás do corretor de sucesso: a **Atitude Quebra-Regras**. E é essa descoberta que irei compartilhar com você neste livro.

DE CORRETOR DE IMÓVEIS A CONSULTOR

Aos 36 anos, posso dizer que estava no auge da minha carreira, afinal, havia conseguido o meu grande objetivo: como sócio, eu já era dono de uma imobiliária.

38 você não vai mais conseguir vender assim

Porém, não sentia que pertencia verdadeiramente àquele lugar. Chegou uma hora em que minha experiência como líder estava ficando cada vez mais distante daquele ponto que me despertou para esse papel, ou seja, aquele momento em que havia "colado" nos novatos e os ajudado a alcançar seus resultados.

Tinha caído num ciclo vicioso que só valorizava vendas e mais vendas. Cheguei a ser visto como um líder tirano, autoritário. Não estava satisfeito com aquilo e, mesmo amando trabalhar no mercado imobiliário, aquela situação já não me motivava mais.

Foram meses de amargura pensando no que fazer, que rumo dar na minha carreira. A dúvida entre abrir mão ou não de tudo o que eu havia conquistado consumia minha energia. Então, depois de muito pensar, bater a cabeça, sofrer com a dúvida, decidi que queria mudar radicalmente de vida e foi aí que tomei uma difícil decisão: deixar a sociedade e todo o "conforto" que a posição me trazia.

Naquela altura eu só tinha uma certeza: minha missão seria contribuir para o crescimento e valorização da carreira de corretor de imóveis e do mercado imobiliário. Eu tinha certeza de que não queria mais construir a minha vida em torno do trabalho, mas sim consolidar o meu trabalho em torno da vida que eu queria ter, a vida que me dava alegria, motivação, prazer, vontade de ensinar e de evoluir.

Depois de encerrar a sociedade e me desligar da empresa, comecei a trilhar uma nova estrada. Meu objetivo era claro: ajudar os corretores de imóveis. Logo, precisava apresentar para o mercado esse meu objetivo, precisava me aproximar mais, estar presente na vida dos mais diferentes corretores e mostrar para eles como eu poderia ajudá-los.

Foi pensando nisso que criei o blog **guilhermemachado.com** no final de 2011, onde partilho os meus grandes erros e como fiz para superar os desafios e vencer no mercado imobiliário. Com posts diários e dicas de como se destacar no mercado, o blog foi crescendo e atraindo cada vez mais leitores, uma diversidade enorme de pessoas ávidas por informações qualificadas e, sobretudo, aplicáveis às especificidades do segmento.

A estratégia com o blog deu certo, aumentei muito a minha visibilidade, um mercado cada vez mais amplo passou a me conhecer, minhas experiências ultrapassavam as fronteiras do mercado capixaba, mas eu queria ainda mais, queria falar para um número cada vez maior de profissionais e ajudá-los a se destacar no mercado.

Com isso, me dediquei a construir um posicionamento digital mais forte e estratégico. Acreditava que era com o poder de envolvimento e alcance da internet que iria construir minha autoridade de mercado em níveis ainda mais significativos.

Depois do blog vieram outras plataformas de relacionamento com o meu público, sobretudo nas mídias sociais como Facebook, Pinterest, Instagram, Youtube, Twitter, Linkedin e tantos outros. Com todo o conteúdo gerado, esses canais ganharam cada vez mais volume.

Com o início dos treinamentos, os canais on-line de relacionamento ganharam ainda mais força. E dessa trajetória nasceu aquela que talvez seja a minha melhor contribuição para o mercado: o **Movimento Quebre as Regras (QR)**, uma onda de revolução e provocação de novos comportamentos que tem levado profissionais a compreender que é urgente ter atitudes de mudanças, capazes de diferenciá-los da média.

40   você não vai mais conseguir vender assim

O movimento QR nasce para transformar o mercado e gerar resultado de alto impacto. Com esse movimento, o meu desejo é que você possa ser o melhor vendedor que o seu segmento pode ter. Isso se você quiser e estiver disposto a encarar esta profissão com a seriedade e comprometimento que ela exige.

A minha base é o mercado imobiliário, mas o que tenho para dizer se reflete na área de vendas como um todo, porque esse universo é amplo, e entender as pessoas é saber vender em qualquer ramo. E quero impactar o maior número de pessoas vendedoras no mundo da maneira como acredito.

Quero levar até você, com este livro, uma transformação de tudo o que você sabe sobre vendas até hoje. Vou ajudá-lo a entender melhor o mercado, compreender os anseios do cliente e realizar vendas de alta performance. Você vai aprender a desafiar os seus limites, aniquilar os vícios, os preconceitos, os "eu já sei". Quero fazer você sair da sua zona de conforto e da mesmice sem precisar fazer algo necessariamente inédito, mas diferente, inesperado, corajoso, criativo e inusitado.

Este não é um livro de autoajuda, não vou mostrar o caminho mais curto para o sucesso. Também não vou ensinar fórmulas prontas e rápidas de como ganhar dinheiro. Tampouco vou ajudar você a se enquadrar num modelo ideal de vendas.

E, principalmente, não vou criar regras. O meu desejo é fazer você quebrar as regras. E quebrar as regras é ter atitudes de mudanças capazes de diferenciar você, vendedor de alta performance, da massa de cérebros condicionados a fazer sempre as mesmas coisas, sem uma análise crítica da realidade.

> **Para atingir seus objetivos, não supere seus limites. Na verdade, não tenha limites. Quebre as regras!**

Não vou enganar. Você vai ter medo! Eu tive muito medo. Medo de não dar certo, medo de ter feito a escolha errada, medo do que as pessoas iriam falar sobre mim, medo de não ser capaz, medo de me decepcionar e de decepcionar as pessoas que eu amava. O medo faz parte de qualquer processo de mudança, mas ele não pode nos impedir de avançar.

Portanto, tome nota: A sua caminhada não vai ser fácil. Se alguém, algum dia, lhe disser, como falaram para mim, que ser vendedor é moleza, sinto ter que desmentir. Você foi iludido. Aqui não tem espaço para o "deixe a vida me levar". O meu objetivo é motivar você a encontrar o seu caminho.

Portanto, só leia este livro se estiver disposto a enxergar a carreira de vendedor sob uma nova perspectiva, com uma visão quebra-regras. Se estiver preparado para seguir um novo caminho e repensar as suas práticas como profissional de vendas e, assim, ter atitudes de mudança, então, este livro é para você!

Ser vendedor é para os fortes e estou aqui para ajudá-lo a ser mais forte. Por isso, nos próximos capítulos você vai entender o que é ser de fato um vendedor quebra-regras.

conquistando os seus planetas

capítulo 2

Neste livro você vai aprender importantes técnicas e conceitos que vão ajudá-lo a entender cada vez mais a área de vendas e se aperfeiçoar rumo ao seu objetivo. A minha intenção é ajudá-lo a se posicionar de forma estratégica em um mercado marcado por constantes transformações.

Você irá adquirir novas ideias para atuar na área de vendas com primazia, em direção às vendas de alta performance, destacando-o dos demais profissionais da área. Portanto, prepare-se para ser incomodado e também para fazer uma jornada rumo à conquista do universo.

E que universo é esse? É o seu mundo, a sua jornada rumo ao sucesso que deseja, onde você é o mentor e assume o controle do seu destino. E para que essa jornada seja ainda mais instigante e que você possa ver até onde chegou com a leitura deste livro vou lhe propor dois desafios.

O primeiro desafio será o de criar os nomes dos planetas que você irá conquistar, à medida que avança nos capítulos. Quais as suas maiores dificuldades, o que você quer alcançar ao ler determinado capítulo. Este é um livro interativo e você irá construir o seu sistema solar, composto de 12 planetas, que irão se revelar para você a partir do capítulo 3. E você será o sol que irá iluminá-los com tudo o que aprender aqui.

Em cada capítulo deste livro vou apresentar problemáticas e soluções para que você entenda melhor a área de vendas e comece a criar o próprio conhecimento. A partir da dominação de cada mundo, você terá a ruptura necessária para conquistar a transformação de que precisa e ajudar as pessoas a ter a oportunidade de se relacionar e a construir com você esse universo.

No final de cada parte você terá acesso aos tópicos mais importantes para melhor compreensão e fixação da sua leitura. E também poderá dar um nome para o mundo que acabou de conquistar. Esse mundo será apenas seu e a leitura do capítulo vai representar mais uma etapa vencida, seja de uma dúvida que sempre teve com relação ao assunto abordado, ou alguma técnica que ainda desconhecia para aperfeiçoar a sua atuação como profissional de vendas.

Ao terminar de ler este livro você terá superado cada um desses desafios e ganhado ainda mais conhecimento. E preenchendo todos os nomes dos capítulos, você ainda terá um bônus por sua dedicação e interesse por finalmente vencer todas as etapas para a criação do seu universo. Para isso, você vai precisar enviar a página que está no final deste livro, com o desenho do universo, onde estarão os nomes dos planetas que você criou com esta leitura, para o endereço quebreasregras@palestranteguilhermemachado.com.

E não vale copiar o de outra pessoa, cada capítulo será um mundo diferente para você, profissional da área de vendas, que quer conquistar o seu espaço neste mercado em constante mudança.

QUAL É A SUA META?

O segundo desafio é: qual é a sua meta para realizar a leitura deste livro?

Todos nós temos uma visão diferente do que desejamos alcançar em nossa vida, o sucesso, que é totalmente subjetivo. Mas para que eu ajude você a sair do seu estado atual para o estado desejado (mais vendas, mais clientes, melhor performance), precisamos alinhar o que é sucesso, para tangibilizarmos e seguirmos no mesmo caminho e na mesma ideia. Do contrário, se não estivermos alinhados com o que é sucesso para mim e para você, posso até levá-lo até onde você deseja, mas você não irá perceber o que aconteceu e não terá aprendido nada.

Portanto, vou propor um exercício que você deve responder, em uma folha de papel mesmo, com toda a sinceridade: o que você busca com a leitura deste livro? Dinheiro? Vender mais? Aumentar sua carteira de clientes? Melhorar sua performance?

Depois de respondida essa pergunta, faço outro questionamento: qual é o real objetivo que está por trás do cumprimento dessas metas? Comprar um carro novo? Mudar de casa? Fazer aquela viagem dos sonhos com a família? Dar mais conforto aos seus filhos?

Pois aqui chegamos no que considero ser o desafio mais importante da sua vida com a leitura deste livro: o que você quer conquistar ao aprender as técnicas contidas neste livro?

> **Para ser feliz, você não precisa de sorte. Você depende apenas de você mesmo.**

Tenha em mente que aquele primeiro objetivo, o que você quer com a leitura deste livro, é um meio para alcançar o seu real objetivo de vida, com as vendas. É como o dinheiro: ninguém quer ser rico, e sim ter dinheiro o suficiente para proporcionar determinada coisa ou situação.

Para ajudar a organizar a sua meta, vamos montar um plano com os objetivos que iremos traçar para chegar ao que você deseja. Para isso, usaremos a técnica **SMART**, criada pelo pai da administração moderna, Peter Drucker. Cada uma das letras da palavra SMART (que vem de *esperto*, *inteligente*, em inglês) corresponde a um desses objetivos que ajudarão você a chegar mais facilmente na sua meta durante a leitura deste livro.

Começando pelo **S**, iremos traçar as **metas específicas**: é aqui que você estabelece os detalhes do que está tentando alcançar. Por exemplo, em vez de definir sua meta como "Quero vender muito", defina para "Quero vender uma quantia X por mês" ou "Quero estar entre os três maiores vendedores da minha área", e assim por diante.

O **M** corresponde às **metas mensuráveis**. Tudo deve ser medido, pois não há como administrar algo que não pode ser medido. Então, em vez de falar "Vou vender mais", diga "Vou vender uma quantidade X de serviços lançados". No lugar de dizer "Vou ganhar mais dinheiro este ano", fale: "Vou ganhar R$ 20 mil este ano, vou poupar R$ 5 mil por mês e comprar um carro de R$ 50 mil".

A letra **A** é onde você irá traçar as **metas atingíveis ou alcançáveis**. Afinal de contas, se estabelecer algo que está muito longe de alcançar, a tendência é que desanime e deixe de lado. Isso só irá trazer desilusão e um impacto negativo a sua autoestima. Defina seus objetivos compatíveis com a sua realidade. Portanto, em vez de dizer "Quero vender mais de R$ 50 mil até o final do mês", estabeleça como meta "Quero vender

48 você não vai mais conseguir vender assim

mais de R$ 10 mil este mês para que eu possa me tornar o maior vende-
dor do meu setor até o final do semestre".

Com a letra **R**, você vai listar as suas **metas relevantes**. Isso quer dizer que suas metas devem fazer com que você se aproxime do que quer
conquistar, ou seja, devem estar ligadas ao seu propósito de vida, seus
valores, a algo que irá trazer um sentimento de realização. Quando você
cumprir essas metas, a sensação de satisfação irá compensar qualquer
preço pelo caminho percorrido. Afinal, imagine poder pagar aquela viagem dos sonhos, ou dar mais qualidade de vida a sua família, ou mesmo
poder ajudar outras pessoas? Tudo porque você estabeleceu a relevância
dessa meta para a sua vida.

Por fim, a letra **T** corresponde às **metas temporizadas ou calenda-
rizadas**. Para atingir suas metas é preciso estabelecer um período para
chegar a elas. Do contrário, será apenas um futuro que nunca chegará,
o que pode frustrá-lo e fazer com que desista do seu objetivo. Portanto,
sua meta tem de ser desafiante, mas alcançável, ou seja, o tempo esta-
belecido também deve ser pensado, pois você precisa cumpri-lo.

Sugiro que estabeleça inicialmente de sete a dez metas. Escreva todas
em um papel e guarde-o para consultar sempre que necessário, para saber o seu progresso. Conforme for atingindo cada uma delas, marque-as
como alcançadas e adicione novas. Abra a sua mente a todas as possibilidades. Imagine-se onde vai estar dentro de 10 anos. Vá atrás do prazer.
Crie um entusiasmo infantil. Não coloque nenhum tipo de restrição ao
seu pensamento. Seja muito específico em cada frase iniciando com a
expressão "Vou..." ou "Irei...".

SUCESSO X DINHEIRO

Cumprindo essas metas, você poderá medir o sucesso que obteve com a leitura deste livro e a aprendizagem de todos os conceitos. E aí é que faço novamente a pergunta inicial: o que é sucesso para você? É ganhar dinheiro? Quanto dinheiro?

Isso porque existe o que chamamos de "termostato financeiro". A expressão é bastante utilizada por especialistas em treinamento e desenvolvimento de pessoas, como o americano T. Harv Eker, autor de *Os segredos da mente milionária*, e do conferencista brasileiro, Paulo Vieira, autor dos livros *O poder da ação* e *Fator de enriquecimento*. Esse termostato funciona como uma programação já preestabelecida no cérebro de cada um.

Por exemplo: se sua mente está programada para ter um ganho mensal de R$ 5 mil, no mês em que você fizer acima desse valor pode se sentir culpado porque não deu atenção a sua família, não esteve presente em sua igreja, em seu círculo social, se cansou demais, e por aí vai. Então, o que acontece no mês seguinte? Você volta a ganhar aquele valor que pré-programou em sua mente.

O mesmo acontece ao contrário: um mês você ganhou abaixo desse valor, mas, no período seguinte, você irá fazer de tudo para voltar a ganhar os mesmos R$ 5 mil reais, seja fazendo mais ligações, estudando mais, ficando até mais tarde, e assim por diante. É o mesmo princípio do termostato do ar-condicionado: se você programa para a sala ficar em 22 graus, se esquentar, ele vai ligar o compressor para esfriar até atingir aquela temperatura; ou, se ficar mais frio, ele vai desligar o compressor por um tempo até chegar novamente aos 22 graus.

50   você não vai mais conseguir vender assim

Portanto, com este livro, você vai aprender a reprogramar esse termostato financeiro de forma que ele trabalhe a seu favor. Tudo é reprogramável em nossa mente, só temos que saber a técnica certa e, claro, ter muita disciplina e repetição. Porque só se consegue atingir um objetivo concretamente com muita dedicação.

Outra coisa que você precisa saber é que sucesso tem mais de renúncia do que de ação. É preciso abrir mão de certas coisas para atingir um patamar superior e continuar subindo. E sucesso, necessariamente, não significa abandonar suas crenças, ou as pessoas que importam a você, como a sua família. Com este livro, você vai aprender a gerenciar o seu tempo de forma que também possa fazer as coisas de que gosta. Afinal, de nada adianta ter dinheiro e não ter como aproveitá-lo.

> **Sucesso é o que temos quando transformamos a motivação em atitude.**

Acredito muito na diferença entre os Momentos e a Existência, como explica, muito bem, Paulo Vieira. Momentos são tudo aquilo o que o dinheiro pode comprar: andar de carro, ir para o bar com os amigos, viajar, comprar uma casa nova. São como pequenos "presentes" a você mesmo ou a sua família: alegria, adrenalina, emoção, entusiasmo, e por aí vai.

Já a existência é tudo o que faz de você um ser humano: um abraço da filha, estar junto das pessoas queridas, fazer o bem aos outros... São coisas que o dinheiro não consegue comprar e nos traz sentimentos bem diferentes, como felicidade genuína e o prazer existencial.

E, no entanto, as pessoas estão deixando de viver essa existência para se dedicar apenas aos momentos, porque a satisfação destes é imediata, mas eles sempre, sempre, vão pedir algo a mais de você: seja um carro mais caro, uma casa maior, mais tempo com os amigos... E vamos ficando cada vez mais distantes das coisas que realmente importam na nossa vida.

Portanto, pense em quantas vezes você deixou de estar junto daqueles que ama para poder dedicar-se aos momentos. E a partir de agora, você será uma nova pessoa, com um novo perfil de vendedor, para realizar todos os seus objetivos e chegar ao topo de sua carreira.

A partir daqui, o poder é seu!

Vamos conquistar alguns planetas!

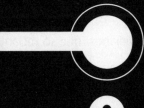

seja um vendedor quebra-regras

capítulo 3

Analisando a minha trajetória no mundo das vendas, desde a época em que trabalhei com cosméticos até chegar a palestrante, *coach* e consultor do mercado imobiliário, passei a refletir mais profundamente sobre o que faz um profissional ser considerado um sucesso e se destacar dos demais, independentemente de formação acadêmica, experiências passadas ou habilidades.

Percebi que um mercado forte não se faz com profissionais ruins ou medianos, que só reclamam, que vivem de justificativas. Ao contrário, um mercado sério, competente e profissional é formado por vendedores que ousam e fazem a diferença.

E foi para combater essas justificativas, essa maré de reclamações, e ajudar no desenvolvimento de profissionais relevantes para o mercado que criei o Movimento Quebre as Regras. Acredito que para um mercado forte é preciso profissionais Quebra-Regras, profissionais QR, como costumo chamar.

Ser um Quebra-Regras é sair do óbvio, é sair da sua zona de segurança e da mesmice. E isso não significa que você tenha, necessariamente, que fazer algo inédito, mas que faça as mesmas coisas, porém de uma forma diferente, inesperada, corajosa, inusitada.

Ser um QR não é ser um fora da lei, não é promover a desordem e o caos, mas é saber pensar fora da caixa, de forma inteligente e inovadora, tendo atitudes capazes de mudar a realidade em que você vive. Ser um QR é questionar um modelo de ação que um dia alguém lhe disse que era o certo e que você, muitas vezes, repete de forma inconsciente, sem uma postura crítica diante das suas práticas.

Eu acredito nisso. Eu vivo isso. E foram com essas atitudes que consolidei uma história de sucesso, que rompi com o estigma do vendedor que caiu de paraquedas no mercado e me tornei um profissional campeão.

É por isso que o movimento Quebre as Regras tem revolucionado o mercado imobiliário e agora o de vendas como um todo, pois quero levar mais qualificação e prática diferenciada. Esse movimento tem arrebatado cada vez mais profissionais dispostos a enfrentar suas limitações, a ter coragem de seguir em frente mesmo diante dos obstáculos que são considerados por muitos como intransponíveis. O QR mostra para esses profissionais que é preciso aprender com seus erros e os direciona para fazer a diferença.

Portanto, "Quebrar as Regras" para mim não é simplesmente uma frase de impacto para emocioná-lo ou convencê-lo de que o que eu faço dá certo. "Quebrar as Regras" é uma filosofia de vida, é o princípio que norteia todas as minhas práticas.

Se você se identifica com a nossa causa e quer transformar o seu mundo, o mundo do seu cliente e das pessoas que se relacionam com você, seja bem-vindo!

#EuSouQR e faço a minha parte. E você, o que fará de agora em diante?

O VENDEDOR QUEBRA-REGRAS
E SEU PRINCIPAL DIFERENCIAL

Uma das coisas que sempre chamaram muito a minha atenção nos salões de vendas era o fato de que muitos profissionais, mesmo com bom nível de conhecimento e até com muita boa vontade, não conseguiam fazer suas carreiras decolarem. Embora alguns deles obtivessem resultados, eles nunca saiam da média.

E durante um bom tempo também fiz parte desse grupo da média. Mas quando resolvi que queria dar um novo rumo para minha carreira, deixar de ser um profissional mediano para fazer parte do time dos campeões, pensei muito no que queria alcançar e no que teria que fazer para chegar lá. Foi quando descobri o poder do CHA. E agora vou passar esta receita para você. Anote aí.

Pegue uma xícara de água, umas folhas de....

.

.

Brincadeira! Não é desse chá que estou falando, mas de uma fórmula que mistura três ingredientes imbatíveis para qualquer receita de sucesso. E o melhor, você adapta a forma de preparo à sua experiência. Estou falando de **conhecimento**, **habilidade** e **atitude**, três elementos cujas iniciais formam o CHA do sucesso do vendedor Quebra-Regras e que o distinguem dos vendedores normais.

Começando pela primeira letra, ter **conhecimento** é o primeiro estágio para o caminho do sucesso. O conhecimento é o seu saber, é tudo que você aprendeu na sua vida de modo formal ou informal, ou seja, na escola, na família, no trabalho, com os amigos.

Esteja você atuando no mercado de vendas há mais tempo ou entrando agora, ao longo da sua história você já reuniu um repertório de saber sobre o setor: conhece seus produtos ou serviços, sabe falar sobre perfil de clientes, entende sobre aspectos técnicos inerentes a sua área, sabe quem são seus concorrentes e muito mais.

Certamente hoje você já conhece muito mais do seu mercado do que quando começou, mas sabe que ainda tem muito mais a aprender, pois o setor de vendas é muito dinâmico, assim como deve ser também o nosso conhecimento. Por isso o conhecimento não é estático. Ele se renova e precisa ser atualizado, estimulado.

No entanto, apenas o conhecimento não garante seus resultados, embora ele seja uma condição vital para alcançá-lo.

> **O segredo do sucesso não está apenas no conhecimento que você tem, mas em como você o utiliza.**

Desse modo, além do conhecimento, você ainda precisa de um segundo elemento para ser de fato um vendedor Quebra-Regras, e esse elemento é a **habilidade**, a sua capacidade de transformar o seu **conhecimento**, a sua teoria (seu saber), em prática.

Habilidade significa o seu saber-fazer e ela é construída com a prática. Você não aprende a ser vendedor apenas com um treinamento, mas precisa da habilidade para colocar seu conhecimento em uso, lidando diariamente com os desafios da prática de vendas.

58   você não vai mais conseguir vender assim

Como você já deve imaginar, esses dois elementos não são suficientes para formar o seu CHA, falta um ingrediente para completar sua tríplice jornada para o sucesso. Esse elemento é **atitude**.

A atitude é a sua habilidade transformada em ação, é o seu fazer, a sua competência. Isso significa colocar a mão na massa, saber lidar com as adversidades e aprender com elas. É saber ainda manejar todo o seu conhecimento e as suas habilidades para gerar resultados.

Há uma frase que gosto muito e que ilustra o que quero dizer: "saber fazer e não fazer é não saber". Essa citação do filósofo chinês Lao-Tsé pode ser adaptada também para este elemento, ou seja, ter habilidade e não a colocar em prática é a mesma coisa que não ter essa capacidade.

Por isso, o CHA só é infalível quando colocado em movimento de forma conjunta: você adquire conhecimento, assimila à sua experiência e modo de ver o mundo, transforma em habilidade, ou seja, encontra o seu modo de praticar, rumo ao sucesso.

É por esse motivo que a receita não está pronta, ela não é "engessada". Cada profissional vai trabalhar o seu CHA de uma forma. O que irá distingui-lo entre o vendedor normal e o vendedor Quebra-Regras é o seu fazer, a sua ação, a transformação daquilo que o profissional conhece e sabe fazer em prática.

Resumindo, o que vai fazer diferença, por exemplo, é que atitude você tomará quando chegar à última página deste livro: vai continuar na média ou até abaixo dela ou vai querer se juntar ao time dos campeões, os vendedores de alta performance?

Imagino e realmente torço para que, ao final deste livro ou até antes disso, você já esteja no time dos vendedores campeões, degustando o CHA do profissionais Quebra-Regras. Mas para isso você precisa ainda de mais um elemento, a chave definitiva que abrirá a porta para o seu sucesso.

Essa chave eu chamo de **visão estratégica**, que é saber o porquê de sua ação. Em outras palavras são as suas ações coordenadas. Sem visão estratégica você irá andar em círculos e seus resultados serão curvas de altos e baixos. Porém, o objetivo do vendedor Quebra-Regras é consolidar uma linha ascendente de resultados.

OS VALORES DE UM VENDEDOR QUEBRA-REGRAS

Provavelmente, antes de começar a desempenhar a sua função de vendedor, você deve ter passado por algum curso ou treinamento, seja oferecido pela empresa para a qual você trabalha ou por alguma instituição habilitada para isso.

No entanto, em nenhum desses cursos existe uma disciplina que ensine a ser um vendedor vencedor e como se destacar e alcançar o sucesso. Esses são aprendizados que se consolidam na prática, no dia a dia do mercado, na aplicação dos conhecimentos adquiridos (lembra do CHA?) e no seu empenho de ser o melhor profissional que o mercado pode ter.

E para alcançar essa excelência, é preciso desenvolver algumas competências imprescindíveis para o seu sucesso e que nenhum desses treinamentos ensina. Elenquei aqui cinco das competências que ao longo da minha carreira encontrei nos profissionais campeões e as desenvolvi em mim para que eu também pudesse ser um Quebra-Regras. No próximo capítulo, iremos falar sobre *mindset*, essencial para a mudança de comportamento que vai ajudar a transformá-lo em um vendedor de alta performance.

60 você não vai mais conseguir vender assim

> **Se você quer melhorar o seu resultado, saia de um patamar que você conhece para um patamar que você não conhece.**

A primeira competência é a **autodisciplina**. Essa é a garantia de que você começará e terminará algo dentro do planejado. Ela precisa ser diária. Essa capacidade de comprometer-se com as ações previamente delimitadas e empenhar-se em executá-las com excelência transformam vendedores medianos em profissionais de sucesso, os vendedores de alta performance.

Portanto, os vendedores QR estão dispostos a assumir uma postura que os diferencia da multidão. Eles escolheram exercer a autodisciplina com maestria, aprimorando a sua capacidade de pensar e agir de forma planejada e estratégica.

A **persistência** é um dos segredos do vendedor Quebra-Regras. Ser profissional da área de vendas requer uma persistência sobrenatural e isso não tem relação com as "coisas do além", mas com o poder de superar-se constantemente. Os desafios são inúmeros, mas as vitórias tendem a ser diretamente proporcionais para os profissionais que persistem e não desistem de seus objetivos e, assim, transformam sonhos em realizações.

A **humildade** também deve fazer parte das suas competências. Não a ponto de se rebaixar a outras pessoas, mas sim para que você reconheça seus erros e acertos e busque sempre melhorar. A vaidade nos afasta de um estado reflexivo crítico vital para um processo de evolução. Quando julgamos que somos bons o suficiente e não precisamos mais surpreender ou aprimorar as nossas práticas permitimos que a vaidade reine sobre o nosso comportamento.

Não se deixe corromper pela vaidade. Você pode ser insubstituível na vida de muitas pessoas, menos na vida do cliente. O mercado está cheio de profissionais que, assim como você, querem ser vendedores campeões e que se empenham em ter atitudes que colaboram para o alcance desse objetivo. Então, cuidado, pois a vaidade pode jogar você para fora dessa corrida. Já a humildade faz você perceber o quanto precisa evoluir constantemente e o coloca nesse movimento de aprimoramento das suas práticas.

O mercado de vendas é um setor dinâmico e impactado constantemente por diferentes variações: em determinados cenários – sejam provocados por fatores econômicos, climáticos, estruturais, entre outras possibilidades –, vender pode se tornar uma tarefa ainda mais desafiante.

E nessa hora é preciso contar com uma competência vital para não se deixar abater: o **otimismo**. Não tenha vergonha de dizer que verdadeiramente acredita que o momento seguinte pode ser melhor, porém, trabalhe para que isso aconteça. Otimismo sem ação é apenas motivação barata, não há eficácia.

Coragem para mudar, para seguir adiante e não se importar com o medo de não vender, de fracassar, de não agradar, é uma poderosa competência que você precisa fazer trabalhar para seu proveito. Qualquer vendedor já passou por isso, pois nossa mente costuma encontrar mecanismos para tentar nos livrar das situações de sofrimento, de desconforto, de mudanças. E o medo é uma das formas mais avassaladoras que esses mecanismos revelam.

Enquanto a maioria dos vendedores normais se acovarda, os vendedores QR fazem o movimento contrário e buscam enfrentar esse medo, pois coragem não significa a ausência do medo, mas a capacidade de enfrentar, mesmo temendo.

62 **você não vai mais conseguir vender assim**

Imagino que algumas das pessoas que irão ler este livro poderão me criticar e pensar que isto não passa de autoajuda motivacional barata, que autodisciplina, persistência, humildade, otimismo e coragem não ajudam ninguém a vender.

Mas eu lhe garanto, é na hora em que você está cara a cara com o mercado que você percebe o quanto essas competências fazem diferença. Vivi isso na prática: senti medo, pensei em desistir e foram essas competências que me mantiveram firme no meu propósito de vencer e realizar todos os meus projetos.

> **Sentir medo é uma etapa natural do processo de alcançar uma grande vitória.**

E sim, se você estiver entre os leitores que acreditam que este capítulo fala de motivação, você está certo. Eu quero motivá-lo. No entanto, não confunda **motivação** com **agitação**. Um incompetente motivado continua sendo um incompetente. Por outro lado, quando a pessoa está motivada para agir com os atributos assertivos, o sucesso é o seu **resultado**.

A verdadeira motivação se mede a partir de resultados evolutivos e concretos das metas que você assume. E é para esse patamar que quero levar você.

Este é o final do capítulo e também o primeiro planeta do seu sistema solar a ser conquistado por você.
Qual é o nome que você vai dar a este planeta?

Vamos agora recordar as partes mais importantes do que vimos aqui:

▶ Ser um **vendedor QR** é saber pensar fora da caixa, de forma inteligente e inovadora.

▶ CHA: elementos do sucesso do Vendedor QR:

∾ **Conhecimento** é o seu saber e não pode ser estático, deve sempre ser atualizado e estimulado.

∾ **Habilidade** é a sua capacidade de transformar o seu **conhecimento**, a sua teoria, em prática.

∾ **Atitude** é saber manejar todo o seu conhecimento e habilidades para gerar resultados.

▶ Competências do vendedor QR:

∾ **Autodisciplina** é a garantia de que você começará e terminará algo dentro do planejado.

∾ **Persistência** é o poder de superar-se constantemente diante dos inúmeros desafios da profissão.

∾ **Humildade** para reconhecer seus erros e acertos e o quanto precisa evoluir constantemente.

∾ **Otimismo** para não se deixar abater. Acredite que o momento seguinte será melhor, mas trabalhe para que isso aconteça.

∾ **Coragem** é a capacidade de mudar, seguir adiante e não se importar com o medo de fracassar.

mindset: treine sua mente para o pensamento positivo

capítulo 4

embro-me de uma história que ouvi de um amigo, há um tempo, que me impactou demais. É sobre um pescador: toda vez que ele fisgava um peixe grande, jogava fora. Mas quando era um peixe pequeno, vibrava muito e guardava o que tinha pescado. Então, as pessoas que estavam observando isso foram até ele para perguntar por que ele deixava os peixes maiores e ficava apenas com os pequenos. Sua resposta foi a seguinte: os maiores não cabiam na sua frigideira. Tudo porque ele aprendeu com a mãe a fazer o peixe na frigideira pequena, pois ela nunca o ensinou a fatiar os maiores para fritá-los.

E quantas vezes, na nossa vida como vendedores, aprendemos apenas a aceitar as pequenas vendas, sequer nos questionando por que não podemos fazer vendas maiores e mais substanciais? Ou nos fixamos em apenas um modo de vender e não damos espaço para novas estratégias, para novas formas de se relacionar com os "peixes grandes" – os clientes?

Muitos vendedores que até se consideram estar no topo de sua carreira são como esse pescador: acreditam que vender apenas certa quantidade por mês é o suficiente e não buscam aumentar sua produtividade. Assumem uma posição confortável em relação aos seus resultados e sequer passa em seus pensamentos a possibilidade de se desafiar a jogar as redes em águas mais profundas.

> ## **Nunca deixe a sua carreira no piloto automático.**

Esse é o tipo de posicionamento que precisa ser rompido. Para atingir a alta performance e conquistar vendas mais ousadas, mais difíceis, é preciso trabalhar um novo modelo mental direcionado para o sucesso. O seu modelo mental, o seu *mindset*, afeta diretamente o seu resultado. Portanto, é impossível uma mudança comportamental sem um processo de mudança mental. Você precisa desenvolver uma mentalidade vencedora, que é a porta para uma venda de sucesso e, consequentemente, para resultados de sucesso.

É bem provável que você já saiba, mas vou repetir aqui, para fixar bem: um profissional de vendas, para ter sucesso, tem de saber como lidar e persuadir o cliente. No entanto, estamos tão focados no "não" do cliente, coisa que não gerenciamos, que deixamos de lado a nossa comunicação, que é aquilo o que gerenciamos.

Por outro lado, talvez você não saiba, mas o que o vendedor precisa fazer acontecer, nessa situação, é saber persuadir um órgão formado de mais de 100 bilhões de células (os neurônios) e cerca de um milhão de quilômetros de fibras interconectadas que fazem parte do cérebro humano.

E aqui entra em cena a Neurociência que, com os avanços da última década, tornou-se uma das mais importantes formas de estudo e compreensão do que acontece no cérebro humano. Tanto que algumas dessas aprendizagens foram aplicadas para compreender o pensamento e o processo de decisão de compra do cliente. Afinal, saber como funciona a mente humana é essencial para o sucesso das vendas e as suas estratégias.

68 **você não vai mais conseguir vender assim**

O escritor motivacional Tom Ferry, um dos mais respeitados dos Estados Unidos (há 30 anos no mercado e já colaborou para publicações como *The News York Times*, *The Wall Street Journal*, *Huffington Post*, *Entrepreneur Magazine*), criou uma analogia muito interessante entre o cérebro e o computador. Essa visão criada por Ferry nos ajuda a compreender, de forma didática, como funciona esse órgão tão complexo da fisiologia humana e a chave para conquistarmos o sucesso nas vendas.

O MODELO DO COMPUTADOR

Segundo Ferry, em primeiro lugar está a **mente consciente**, que ele compara com a tela do computador. Essa analogia se refere a tudo o que você tem consciência, como as palavras e os sons que ouve, e o que você diz a si mesmo quando está pensando.

A mente consciente lida com o que cada um está ciente naquele determinado momento e pode lidar somente com uma quantidade limitada de informação em um período de tempo. É para onde você está olhando e as imagens que chegam até a sua mente quando está pensando ou conversando com outras pessoas.

Em segundo nível, está a **mente subconsciente**, que Ferry compara com o disco rígido (Hard Drive ou HD) do computador. Tudo o que aparece na tela do seu computador (a sua mente consciente) é arquivado no seu disco rígido (a sua mente subconsciente). Dessa forma, tudo o que vivenciamos é armazenado na nossa mente subconsciente. Com o tempo, passamos a criar conexões automáticas entre as mensagens conscientes e inconscientes.

Os cientistas estudiosos do cérebro humano chamam essas conexões de vias neurais. E com isso, sempre que sua mente consciente percebe alguma coisa, ela automaticamente faz uma conexão ou ligação a uma experiência prévia, que já está armazenada no seu subconsciente. Essa experiência pode ser em forma de palavras, do que vimos e falamos e as imagens ao nosso redor: criamos, então, essas vias neurais ou conexões automáticas que resultam na transposição de nossos sentimentos com relação a determinada coisa, situação ou ação.

Mas aí é que está o problema, pois, segundo psicólogos comportamentais, para cada experiência positiva, 480 são negativas. E é por isso que hoje se fala tanto em mudança de *mindset*.

O que é o *mindset*? É a mentalidade que cada um de nós tem em relação ao que fazemos da nossa vida. Em outras palavras, é o modo otimista ou pessimista de cada um com relação a própria vida e de se portar diante dela. *Mindset* pode ser entendido também como um conjunto de atividades mentais que influenciam diretamente nossos comportamentos e pensamentos e que é decisivo para alcançarmos o sucesso. Ou não. Tudo vai depender da "programação" mental de cada um, que pode ser mudada.

Existem dois tipos de *mindset*: o **fixo** e o de **crescimento**. Pessoas com *mindset* fixo acreditam que são daquele jeito e que não há como alterarem suas características pessoais. Por isso, tanto no campo profissional quanto no pessoal, tendem a ter mais pensamentos negativos e a ficar estagnadas e desmotivadas, pois não acreditam em si mesmas.

Pessoas com o ***mindset* fixo** até possuem o desejo de crescer e de se desenvolver, mas acabam esbarrando na ideia de que inteligência é algo fixo. Elas acreditam que não nasceram com determinados dons e que não poderão desenvolvê-los ao longo da vida.

70 **você não vai mais conseguir vender assim**

Já as pessoas com um *mindset* **de crescimento** acreditam que sua inteligência pode ser desenvolvida e têm o desejo de aprender e de melhorar sempre. Para elas, o melhor nunca é o melhor. Os profissionais com esse perfil são aqueles destinados ao sucesso, pois buscam, incessantemente, vencer suas limitações e aprimorar seus conhecimentos. Os obstáculos não os desencorajam, pois sabem que logo sairão deles. Os desafios são encarados como oportunidades, que são criadas por eles mesmos, em vez de ficarem apenas aguardando o momento certo.

E qual é a relação disso com vendas? Tudo. O fato é que uma das principais barreiras para uma venda bem-sucedida está na cabeça do vendedor, está no seu cérebro. Não é proposital, está relacionado ao funcionamento da nossa mente.

> **Não importa o quão difícil algo possa parecer, eu vou alcançar. Pense nisso e surpreenda-se.**

Um dos maiores especialistas em estudar o cérebro humano, o psicólogo e professor da University College of London (Reino Unido) Chris Frith, diz, em uma de suas pesquisas relacionadas ao estudo da mente humana, que a liberdade de decisão é ilusória. Segundo um de seus estudos, antes de conscientemente decidirmos fazer algo, nossa mente, de forma subconsciente, já decidiu realizar determinada ação (ou tomar uma decisão) por nós. E é assim que vemos a realidade de muitos vendedores que, por terem armazenado experiências negativas, tomam ações que prejudicam uma venda ou que os impedem de progredir em sua carreira.

Lembra-se da quantidade de experiências negativas para cada experiência positiva que falamos antes (480 para 1)? Pois é, isso influencia diretamente na nossa forma de vender. E faz com que a venda seja encarada com grande temor e rejeição. Afinal, é muito mais cômodo que o cliente chegue até você decidido a comprar do que tentar persuadi-lo, ou ter de ligar para prospectar, ou entrar em contato por meio de uma rede social.

Isso me lembra a época em que fui corretor. Quando ligava para fazer prospecção, alguns clientes sequer me atendiam, outros deixavam eu falar até ouvirem que eu era corretor e, como num passe de mágica, a linha do outro lado ficava muda ou misteriosamente a ligação caía. Mas isso não foi impedimento para que eu parasse por aí (lembre-se, 480 experiências negativas para 1 positiva) e buscasse alcançar o objetivo que tinha naquele momento, que era o de prospectar clientes que tinham interesse no que eu queria vender.

Precisamos então sair da velha mentalidade de que o jogo não pode ser mudado. Para isso, temos de treinar o cérebro para vencer o jogo mais rápido e quebrar o medo de ampliar as vendas. E é por isso que o *mindset* é uma ciência que está bastante em alta nos últimos anos, principalmente na nossa área.

Seu cérebro deve trabalhar a seu favor. E para que isso aconteça, não existe mágica, e sim força de vontade e disciplina, para aprendermos a reprogramar a mente e a acreditar que as técnicas que vamos aprender ao longo deste livro serão o caminho para o sucesso a que desejamos chegar nas vendas.

REPROGRAMANDO O CÉREBRO

Quais são as crenças e os valores que lhe impedem de realizar o seu sonho? Já parou para pensar sobre isso? Pois, a partir de agora, você vai aprender a cultivar atitudes vencedoras que o ajudarão a conseguir o que deseja de maneira muito mais rápida.

Você pode fazer muitas coisas para promover o seu desenvolvimento pessoal e profissional e, assim, entrar na rota do sucesso. Uma delas é fazer um *upgrade* na sua forma de pensar e perceber o mundo ao seu redor. Um exercício de visualização muito prático e fácil de realizar vai ajudar você a mudar o seu *mindset*, reprogramando a sua mente para o sucesso.

Lembra-se do exercício de estabelecer seus objetivos que fizemos no início do livro? Pois aqui vamos fazer uma versão menor e que vai ajudar a fixar ainda mais cada meta estabelecida lá no início. Para esta atividade, você vai precisar de um bloco de post-it. Separe 15 folhinhas e escreva a mesma frase com o seu objetivo (aquele que foi definido antes, correspondente à letra S das metas SMART).

Coloque o seu nome completo e diga o que você quer alcançar: prospectar mais clientes? Aumentar a quantidade de suas vendas? Melhorar sua performance de atendimento? Melhorar sua comissão final?

Eu, (seu nome), vou (seu objetivo) até a (data).

Qual é o seu objetivo?

O importante é enviarmos uma mensagem para o nosso cérebro para que ele veja isso e visualize como uma mensagem que irá nos levar para a ação. Lembre-se, você precisa escrever isso 15 vezes e depois espalhar por vários locais da sua casa, carro, escritório. Ou seja, locais que sejam bastante visíveis, onde você possa ler o seu objetivo a todo instante.

Isso é para que a ideia fique bem gravada no seu subconsciente. Com o passar do tempo, você nem vai precisar ler para saber o que está ali, pois seu cérebro reconhecerá as palavras e reforçará o recado. Você está programando o seu subconsciente para realizar aquilo que é o seu maior objetivo no momento.

Mas não se esqueça, quanto mais tangível e claro for o seu objetivo, melhor é a sua reprogramação neurocerebral, o seu *mindset*. Como falamos anteriormente, você deve sempre se concentrar em objetivos concretos, indicando quantidades e prazos no seu post-it para que não perca o foco ou que a sua mente julgue aquilo como algo impossível de atingir.

POR QUE ISSO É TÃO PODEROSO E FUNCIONA?

Porque tudo o que você mentaliza subconscientemente, você ordena para o seu cérebro. Ou seja, se mentalizar que terá sucesso, de uma forma ou de outra, terá sucesso. Caso contrário, se você mentalizar negativamente, saiba que há grandes chances de fracasso. Tudo começa no seu pensamento e na forma como o seu *mindset* é trabalhado. Se não acreditar, a sua mente irá lhe sabotar.

74 você não vai mais conseguir vender assim

> ## É o que você acredita sobre você que determina quem você é.

Nosso cérebro sempre tentará nos proteger de tudo o que é desconhecido e do que não é comum para ele. É por isso que, sempre quando nos vemos diante de uma dificuldade, a nossa mente envia uma espécie de mensagem de defesa com o objetivo de nos livrar do sofrimento e das frustrações. São pensamentos negativos como: "Não vai dar certo", "Para que perder tempo com isso?", "Vou ligar, mas o cliente não gosta que liguem para ele", "Ir para a rua não é legal, preferia estar no escritório, com ar-condicionado".

Fuja dessa realidade de dúvida, insegurança e inércia. Prepare seu *mindset* para suportar todas essas inquietações, do contrário a probabilidade de você desistir no caminho é muito alta. Portanto, realizar esse exercício é imprescindível, pois você estará reprogramando a sua mente para o sucesso e, consequentemente, terá mais confiança para fornecer todos os subsídios que lhe permitirão atingir o seu objetivo.

Mais um capítulo finalizado e um novo planeta conquistado. Qual é o nome você vai dar a este planeta? _____

Vamos agora recordar as partes mais importantes do que vimos aqui:

► O seu resultado depende do seu *mindset*. Portanto, é preciso "reprogramar" a sua mente para atingir resultados positivos.

► Desenvolver uma mentalidade vencedora é a porta para vendas de sucesso.

- O *mindset* **fixo** está relacionado a pessoas que não acreditam que podem mudar suas características pessoais e ficam estagnadas.
- O *mindset* **de crescimento** carrega a crença de que a inteligência pode ser desenvolvida, e as oportunidades, criadas.
- Segundo Chris Frith, a liberdade de decisão é ilusória. Antes de qualquer decisão, a mente já fez essa escolha, de forma subconsciente.
- Livre-se de pensamentos de dúvida, de insegurança, de inércia, e impeça a ação do mecanismo de defesa da nossa mente para evitar situações de desconforto.

autossabotagem: fatores internos que impedem o seu sucesso

capítulo 5

Você já se sentiu limitado ou sem forças para realizar algo importante para os seus resultados? Pois isso já aconteceu diversas vezes comigo. E confesso que a frustração e o sentimento de incapacidade eram esmagadores. E se isso já aconteceu com você, pode ter certeza de que foi vítima da autossabotagem sem que você tenha se dado conta disso.

Agora que sabe que é preciso realizar uma mudança de *mindset* para que sua mente assuma um comportamento vencedor, você também deve prestar atenção a todas as ações que o impedem de realizar isso. E tudo tem origem na autossabotagem.

A autossabotagem é um dos aniquiladores dos seus resultados. Ela torna você mentalmente mais fraco, aprisiona-o em uma zona de passividade e o deixa menos confiante. Seus medos aumentam e você deixa de ser um realizador e passa a ser um mero expectador do seu fracasso.

Forte isso, não? Mas aqui, neste capítulo, vamos aprender a identificar os principais sabotadores do seu desempenho para que você não tenha mais que se submeter a nenhum deles.

Lembra quando falamos sobre o *mindset* e de que tudo o que mentaliza subconscientemente você ordena para o seu cérebro? E que a nossa mente tentará nos proteger de tudo o que é desconhecido, buscando nos livrar do sofrimento e das frustrações? Pois esse conceito é a chave para que possamos identificar os nossos principais sabotadores.

As palavras têm poder. O que dizemos ou pensamos fica armazenado em nosso subconsciente e irá programar nossas ações. Portanto, as palavras ditas ou pensadas podem ser impulsionadoras do seu fracasso ou sabotadoras do seu sucesso. Se você diz: "Eu não vou conseguir", seu cérebro não fará esforço de convencê-lo do contrário.

Então, é preciso exterminar as palavras de sabotagem de seu vocabulário. Foque em palavras e pensamentos vencedores. Separei, abaixo, alguns exemplos que você poderá usar no seu dia a dia para repetir com frequência até que o seu subconsciente entenda qual o pensamento e as atitudes vencedoras para o seu sucesso.

- Em vez de dizer: "Não consigo encontrar novos clientes", diga: "É possível encontrar novos clientes".
- No lugar de falar: "Vou me esforçar para fazer todas as ligações", fale: "Vou fazer todas as ligações".
- Em vez de falar: "O mercado está ruim", diga: "O mercado está bom".
- Quando você pensar em dizer: "O dia não está bom para vender", refaça seus pensamentos e diga: "O dia está ótimo para vender".

Estude cuidadosamente o que você diz para se comunicar sempre de forma positiva com você mesmo e com os outros, livrando-se do mau hábito de pensar negativamente. Busque repetir com frequência essas frases positivas para reprogramar a sua mente em direção dos pensamentos de sucesso.

> **A única coisa que separa você do seu sucesso são as desculpas que você dá para não fazer as tarefas.**

Você pode até ter um caderno separado para escrevê-las diversas vezes, sempre que o pensamento negativo começar a aflorar. O importante é que reprograme sua mente para trabalhar a seu favor. Faça esse exercício diariamente, escrevendo, falando e, principalmente, sentindo o que você quer. Com o tempo, verá como isso fará toda a diferença no modo de ver as coisas e lidar com os desafios do dia a dia.

Lembre-se também de que a negatividade nem sempre está em nossas ações ou palavras. Ela também pode estar nos outros. Sim, aquelas pessoas que estão sempre "puxando" você para baixo, vendo empecilho em tudo, reclamando de tudo, reduzindo a sua confiança e a sua esperança. São verdadeiros "vampiros de energia", sanguessugas dos seus sonhos e resultados.

Essas pessoas não têm coragem de viver o sonho delas e adaptam a própria realidade e os pensamentos limitados nos sonhos e objetivos dos outros. Elas não se dão conta de que podem ser tão boas quanto as pessoas que admiram e terminam por se condenarem à mediocridade, pois têm medo de errar, de ousar, aprender, viver, quebrar as regras.

Portanto, se você está rodeado de pessoas não positivas, que são capazes de drenar sua energia positiva, elas vão fazer com que seus objetivos se tornem mais difíceis e impossíveis de ser conquistados. Então, a melhor coisa a fazer é se afastar dessas pessoas.

Insira palavras, pensamentos, ações e pessoas positivas na sua vida. Você vai ver que estará muito mais confiante em fazer suas vendas. O sucesso é para quem deseja. Portanto, deseje ser um sucesso.

APRENDA A DERROTAR O MEDO

Quando falamos, no terceiro capítulo, sobre os valores de um vendedor Quebra-Regras, incluímos a Coragem para vencer tudo aquilo que nos causa o temor e nos distancia das vendas de alta performance. Pois o **medo** é o inimigo número um na hora de fazermos qualquer tipo de venda. Medo de fracassar e perder tempo, medo de o cliente fazer uma pergunta e ficar sem resposta, medo de dar certo e não conseguir mais êxito. As pessoas têm medo até de dar certo.

Tive contato com todas essas justificativas na época em que fui diretor de uma imobiliária ao conversar com outros corretores no salão de vendas. Essas também foram as minhas dificuldades. Mas sabe o que aprendi com isso? Que a diferença entre o profissional de vendas que tem sucesso e o que não tem sucesso está na forma como ele encara o medo.

Acredite, sentir medo é uma etapa natural no processo para alcançarmos o sucesso. A forma como vemos esse medo e o enfrentamos é uma escolha. Com certeza você já esteve diante de situações em que teve de encarar os seus medos. Em algumas, você pode ter ficado paralisado, mas em outras você enfrentou o medo e resolveu toda a situação.

Transforme a sua mentalidade "covarde" em uma mentalidade corajosa. O processo de mudança para aumentar suas vendas começa com uma mentalidade corajosa, confiante. Não deixe o comodismo dominar você nem o seu cérebro enganá-lo. E ele vai tentar, porque quer manter você sempre na sua zona de conforto.

82 você não vai mais conseguir vender assim

> ## Fracasso é uma situação e não uma decisão.

Para alcançar um resultado mais positivo e aprender a lidar com os seus medos, sugiro o seguinte exercício: crie uma tabela em uma planilha eletrônica ou faça à mão mesmo e a divida em três colunas, como na imagem abaixo. Na primeira, você vai colocar quais são os seus maiores medos relacionados à venda; na segunda coluna, quais as resoluções positivas para aquela situação; e, na terceira coluna, você vai escrever quais são as recompensas que você terá caso consiga vencer o seu medo.

MEDOS	RESOLUÇÃO POSITIVA	RECOMPENSA
Tenho medo de não saber o que falar com o cliente.	Vou me preparar ao máximo antes da ligação para ter todas as informações para passar ao cliente.	Ir ao cinema.
	Vou ter ao meu lado todos os dados do imóvel que está em oferta, recorrerei ao material para tirar a dúvida do cliente.	
	Se eu não souber responder à dúvida do cliente, não me paralisei. Direi que vou buscar me informar e que retornarei em breve. E irei retornar.	

Com isso, você estará preparando a sua mente para o pensamento positivo, utilizando a coragem, um dos principais valores do vendedor Quebra-Regras, que será o diferencial na hora de vender, pois você já fez a análise de todos os seus medos e as consequências positivas que o levarão ao sucesso ao enfrentar cada um desses medos.

A CULPA É DE QUEM?

Quantas vezes, diante de um problema, você já ouviu as pessoas dizerem, e até você já disse, "a culpa não é minha"? O motivo de isso acontecer é muito simples. O nosso cérebro tem a tendência natural de nos autopreservar. Diante de grandes desafios, tendemos ao comportamento de nos eximir de qualquer culpa. Agimos no piloto automático, é quase inconsciente.

Quantas vezes não culpamos o cliente, a empresa, o produto, a economia do país? Com isso, deixamos de atribuir qualquer culpa à nossa performance, às nossas ações. Mas refletindo sobre um resultado ruim, sabemos que para ter chegado até ele houve uma série de escolhas que você fez ou deixou de fazer.

É parte da nossa vida a tomada de decisões que podem ou não prejudicar uma venda. Portanto, você tem de assumir a culpa de suas ações. Do contrário, é pura perda de tempo, pois não importa quantas justificativas você tenha para um fracasso, elas não mudarão você ou a situação.

As **justificativas** são grandes autossabotadoras, pois dão a falsa impressão de que está tudo bem, afinal você tentou e, se der errado, a culpa não foi sua. Mas esse é um pensamento perigoso, uma armadilha terrível da sua mente.

As variáveis externas, como comportamento do cliente, o tipo de produto, o mercado, influenciam sim na sua venda, mas é você quem vai escolher como irá se comportar: se prefere ir pelo caminho mais fácil, culpando a tudo e a todos pelo seu fracasso, ou se irá assumir definitivamente as rédeas da sua vida e ter uma mudança de atitude.

Portanto, pare de criar justificativas de que não está tendo sucesso nas vendas e assuma que alguma coisa está errada e a responsabilidade é sua. Reclamar não vai mudar a situação. Desenvolva o hábito de substituir a justificativa por um pedido de ajuda e cooperação para assegurar que a situação não se repita.

84   você não vai mais conseguir vender assim

" Tentar justificar o erro é o pior sinônimo do fracasso. "

Assim como fizemos um exercício para vencer os seus medos, vamos fazer o mesmo com a justificativa. Vamos a mais uma tabela de três colunas. Desta vez, a primeira coluna será a justificativa diante de uma situação de fracasso; na segunda coluna, você irá escrever o que ou quem pode ajudá-lo a sair dessa situação; e a terceira coluna é onde você vai listar qual a solução encontrada para que saia dessa situação. Veja o exemplo a seguir:

JUSTIFICATIVA	O QUE PODE ME AJUDAR	SOLUÇÃO ENCONTRADA
O mercado está ruim e por isso não consigo encontrar novos clientes.	Estudos	Vou mais para a rua.
Meus clientes não são receptivos ao telefone, por isso não consigo vender.	Estudos	Vou mudar minha forma de abordar através de estudos e capacitação.
Estou sem tempo para estudar.	Estudos	Ferramentas de gestão de tempo.

Com isso, você aprende a visualizar soluções para problemas para os quais anteriormente não conseguia enxergar os resultados. Distancie-se da sua realidade, passe a vê-la com os olhos de outra pessoa. Busque listar tudo aquilo que você pensa ser um empecilho e que poderia gerar uma justificativa no futuro e busque caminhos para solucionar essa situação. Lembre-se, você tem o seu destino em suas mãos e cabe apenas a você querer o melhor para a sua vida profissional.

FALTA DE TEMPO NÃO É DESCULPA

Quantas vezes já não nos queixamos de falta de tempo? Amigos o chamam para sair e você não tem tempo, ou um colega lhe convida para fazer um curso e você diz que não vai dar dessa vez, mas quem sabe na próxima? E com isso perdemos importantes oportunidades ao adiarmos os primeiros passos, criando toda sorte de desculpas e novos prazos, que nunca são cumpridos.

Portanto, precisamos mudar de vez esta realidade. Temos que tornar nosso tempo muito mais produtivo e aumentar os nossos resultados. Diante de todas as obrigações do dia a dia, profissionais e pessoais, chegamos a pensar que 24 horas não são suficientes para dar conta de tudo. Mas não é com esse pensamento que devemos seguir, pois a falta de gestão de tempo é outro perigoso autossabotador de nossos resultados. Precisamos mudar o nosso *mindset*, pois 24 horas são suficientes sim para aproveitar bem o tempo, tanto pessoal quanto profissional.

Geralmente a quantidade de atividades que temos listadas para fazer durante o dia é muito grande. E quando essas atividades começam a se acumular, ficamos ansiosos e desmotivados e a tendência é procrastinar, sempre deixar para depois. Você começa a enrolar, demorar para realizar as tarefas, até que desiste.

> **Rico não é quem tem dinheiro. Rico é quem tem tempo.**

Uma técnica infalível para gerenciar o seu tempo, muito utilizada por estudantes e também no mundo corporativo, é a *Técnica Pomodoro*. Criada

86 você não vai mais conseguir vender assim

pelo italiano Francesco Cirillo, o objetivo é fazer com que o seu tempo seja mais produtivo.

Pomodoro significa tomate em italiano e o nome é derivado daqueles cronômetros de cozinha bastante populares no formato de um tomate. A vantagem dessa técnica é que ela divide em blocos de 25 minutos as atividades a serem realizadas durante o dia, o que ajuda a focar a mente com pequenos intervalos entre um *pomodoro* e outro e uma pausa maior, de 30 minutos, após realizar quatro *pomodoros*. Essa técnica mostra um caminho a seguir e a se manter focado, evitando, dessa forma, distrações e interrupções que deixam o seu tempo menos produtivo. A aplicação dessa técnica é muito simples, como pode ser analisada no exemplo abaixo:

POMODORO	DURAÇÃO	SEG	TER	QUA	QUI	SEX	SÁB	DOM
1º	25 MIN	RESPONDER E-MAILS	RESPONDER E-MAILS	RESPONDER E-MAILS	RESPONDER E-MAILS	RESPONDER E-MAILS	RESPONDER E-MAILS	RESPONDER E-MAILS
INTERVALO	5 MIN	CHECAR WHATSAPP PESSOAL	CHECAR WHATSAPP PESSOAL	CHECAR WHATSAPP PESSOAL	CHECAR WHATSAPP PESSOAL	CHECAR WHATSAPP PESSOAL	CHECAR WHATSAPP PESSOAL	CHECAR WHATSAPP PESSOAL
2º	25 MIN	PESQUISA DE MERCADO	PESQUISA DE MERCADO	PESQUISA DE MERCADO	PESQUISA DE MERCADO	PESQUISA DE MERCADO	PESQUISA DE MERCADO	PESQUISA DE MERCADO
INTERVALO	5 MIN	IR AO BANHEIRO	IR AO BANHEIRO	IR AO BANHEIRO	IR AO BANHEIRO	IR AO BANHEIRO	IR AO BANHEIRO	IR AO BANHEIRO
3º	25 MIN	LIGAR PARA CLIENTES NOVOS	LIGAR PARA CLIENTES NOVOS	LIGAR PARA CLIENTES NOVOS	LIGAR PARA CLIENTES NOVOS	LIGAR PARA CLIENTES NOVOS	LIGAR PARA CLIENTES NOVOS	LIGAR PARA CLIENTES NOVOS
INTERVALO	5 MIN	CAFÉ	CAFÉ	CAFÉ	CAFÉ	CAFÉ	CAFÉ	CAFÉ
4º	25 MIN	FAZER PÓS-VENDA	FAZER PÓS-VENDA	FAZER PÓS-VENDA	FAZER PÓS-VENDA	FAZER PÓS-VENDA	FAZER PÓS-VENDA	FAZER PÓS-VENDA
INTERVALO	30 MIN	LIVRE	LIVRE	LIVRE	LIVRE	LIVRE	LIVRE	LIVRE

Você deve montar uma lista de tarefas diárias que deverão ser realizadas dentro do tempo de 25 minutos cada uma. Terminado um *pomodoro*, você faz aquela pausa de cinco minutos e passa para a próxima tarefa. O ideal é realizar uma única tarefa dentro desse tempo preestabelecido, mas não se prenda demais a essa contagem, pois algumas atividades podem pedir mais do que 25 minutos, outras menos, e ainda há interrupções externas.

Molde a técnica de acordo com a sua realidade: junte várias tarefas rápidas em um tempo de 25 minutos ou divida tarefas longas em intervalos de 25 minutos (ou estenda um pouco mais o tempo, se precisar concluir alguma coisa em pouco mais de 25 minutos). À medida que for utilizando e adaptando, suas estimativas vão aumentando, e seu tempo também. Portanto, não seja tão rigoroso. Você precisa ter foco em cada etapa desse processo.

Se durante um desses períodos de 25 minutos você for interrompido, retome a sua atividade imediatamente depois. As interrupções podem ser internas, como fome, pensamento na família, vontade de ir ao banheiro, lembrar coisas paralelas, ou externas, como um telefonema, um colega conversando, entre outras.

Há interrupções que você pode deixar para depois, mas outras, urgentes, devem ser resolvidas na hora. A técnica sugere que você marque em seu planejamento um apóstofro para cada vez que precisar interromper cada atividade.

É importante planejar algumas atividades "pulmão", em que você pode fazer uma pausa para planejar. Deixe também um tempo para limpar a sua caixa de e-mail, ler notícias, levar novidades para clientes. Fazendo isso, você vai perceber que todas as suas tarefas são diretamente interligadas. Deixe o seu calendário o mais visível possível. Se colocar essa técnica em prática, você irá aniquilar a procrastinação do seu dia a dia. É preciso ter disciplina, persistência. Foque no seu objetivo.

ASSUMA O CONTROLE DA SUA VIDA

Durante um tempo fui um profissional mediano. Às vezes conseguia fazer uma venda por mês e, dentro do possível, honrava com os meus compromissos. Eu não estava plenamente feliz, mas me dava por satisfeito com a situação. Não percebia, mas hoje sei que tinha muito medo de sair da minha zona de conforto. Tinha medo de tentar algo novo e errar, medo da frustração, do que as pessoas iriam pensar sobre mim.

E assim, fui me acostumando a não trocar o certo pelo duvidoso e permanecia apenas na média. Mas isso mudou quando descobri que estava me tornando um profissional medíocre, acomodado e medroso por causa da falta de um propósito na minha vida, isto é, um motivo que me levasse a fazer algo diferente por mim e pela minha carreira.

Você pode até tentar se autossabotar neste momento, fazer como eu fiz durante muito tempo, continuar sendo um profissional comum, mas lhe faço um desafio: pergunte-se o que quer para sua vida e para que quer isso. Afinal, descobrir o seu real propósito é encontrar a raiz daquilo que você quer para sua vida, é encontrar o motivo pelo qual seguir em frente.

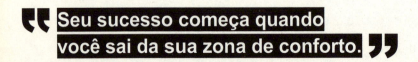

Seu sucesso começa quando você sai da sua zona de conforto.

Faça uma autoanálise sincera e não tente mentir ou se esconder de você mesmo. Assuma suas limitações, mas, sobretudo, encontre suas forças e se agarre a elas. Um vendedor sem propósito se torna um mero realizador de tarefas e talvez até consiga realizar alguma venda, mas estará sempre suscetível ao acaso, à sorte.

É o típico profissional que só sabe reclamar, dizer que o mercado está ruim, que o serviço ou produto não são bons o suficiente para atrair novos clientes, que os clientes são indecisos e não sabem o que querem. A culpa pelos fracassos vai ser sempre do outro e nunca dele mesmo.

Portanto, não deixe que ninguém, nem mesmo eu, dite as regras do seu jogo. Se você deixar que os outros liderem a sua carreira, o caminho que percorrerá poderá não ser o melhor para você e o seu destino será a frustração, a infelicidade, a decepção.

Não terceirize a sua vida. Empodere-se. Assuma o controle da sua história e descubra o que o faz seguir vivo nesse mercado. Portanto, quando for para o próximo atendimento, tenha com você o seu propósito de forma clara. E se nesse percurso você errar, aprenda com seus erros, levante-se e retome a caminhada com mais energia, com mais vontade, para chegar ao destino que você escolheu: a realização do seu propósito.

E acabamos de conquistar o terceiro planeta do seu sistema solar! Qual será o nome deste? _____

Vamos fixar o que vimos neste capítulo:

▶ A autossabotagem é um dos aniquiladores dos seus resultados e o torna mentalmente mais fraco e com medo.

90   você não vai mais conseguir vender assim

▶ Elimine as palavras de sabotagem de seu vocabulário e evite as companhias que o jogam para baixo e estão sempre preocupadas com a vida dos outros.

▶ Aprenda a encarar seus medos e a buscar soluções para derrotar aquilo o que o deixa paralisado e o impede de realizar suas vendas.

▶ Assuma a culpa do resultado de suas ações e pare de buscar justificativas. Busque ajuda e procure descobrir onde está o problema.

▶ Aprenda a gerenciar o seu tempo para que consiga realizar todas as ações importantes designadas para aquele dia. Utilize a técnica do Pomodoro.

▶ Faça uma autoanálise, assuma suas limitações e encontre os seus pontos fortes. Tenha propósitos e esqueça as reclamações.

mapa mental: identifique onde você está e saiba para onde ir

capítulo 6

Neste capítulo você vai aprender a construir um mapa mental como ferramenta de planejamento estratégico. Com esse mapa, você irá identificar onde está e onde quer chegar e também terá a capacidade de desenvolver e esboçar modelos de novos negócios ou de negócios existentes. Afinal, você só conseguirá ir do seu estado atual para o que deseja com planejamento, não há segredo nisso.

É o mesmo que comprar um bilhete de voo quando vai viajar. Não é possível adquirir uma passagem de avião se você não colocar a cidade de origem e a de destino. O mesmo vale para a sua vida pessoal e profissional. E é por isso que a maioria dos vendedores, hoje, encontra-se perdida quanto às decisões mais acertadas para desenvolver sua carreira e se aprimorar.

Afinal, quem nunca começou a fazer uma coisa, com aquela esperança de que "agora vai", mas o dia a dia ou outras complicações da nossa vida acaba sempre impedindo de continuarmos? Ou talvez você tenha iniciado um curso novo, se empolgado com o programa, com as coisas que estava aprendendo, mas depois de um tempo a empolgação passou e tudo voltou a ser como antes?

Quem busca mudanças e resultados, muitas vezes, não sabe por onde começar, porque os caminhos e as possibilidades são muitos. E, na maioria das vezes, aqueles cursos que fizemos, as nossas ações de mudança de comportamento, as propostas que deixamos engavetadas em algum canto acabam não nos levando para lugar nenhum.

Por quê? Porque essas ações estão soltas, perdidas, desconexas. Não são fruto dessa consciência que você precisa desenvolver, que vai lhe mostrar onde você se encontra atualmente e onde você quer chegar em sua carreira e vida.

> **Querer algo não é o suficiente para conquistá-lo. É necessário desejo e comprometimento para isso.**

Eu sei bem como é isso, pois já passei por muitas dessas situações. Até entender que, antes de gerarmos qualquer ação de mudança, precisamos definir onde estamos e para onde queremos ir. Onde queremos estar com essa ação.

Chamo isso de **propósito**. E é justamente o que vou mostrar a você no decorrer deste capítulo. Pois esta é a primeira competência essencial do vendedor Quebra-Regras, aquele que se destaca no mercado: ele sabe onde está hoje e aonde quer chegar.

E para isso você tem que saber por que é importante tomar determinadas ações ou se dedicar a situações que antes não se dedicaria, pois tudo isso vai ajudar você a se empenhar e terminar o que começa. Afinal, saber o propósito daquela ação na sua vida faz com que ela tenha mais sentido para você e possa realmente ser finalizada.

Falando dessa forma parece ser algo bem fácil, não é? Mas não se iluda. O caminho é difícil, pois olhar de frente para quem nós somos de fato

94 **você não vai mais conseguir vender assim**

e não quem gostaríamos de ser é muito difícil. Temos a mania de sempre falar aquilo o que gostaríamos de ser e não verdadeiramente quem somos. Esse é um grande sequestrador do nosso propósito. Mas já passei por isso e aqui estou, ajudando você a se reconhecer, a saber qual o seu propósito.

E o caminho passa pelo realismo da sua autoimagem, que vai lhe permitir trabalhar cada uma das competências que você precisa desenvolver para se tornar um profissional, uma pessoa melhor do que já é. Você vai aprender a desenvolver o que precisa ser desenvolvido e potencializar o que precisa ser potencializado.

Não se engane: encarar a nós mesmos é um grande desafio, e para poucos corajosos. E eu o desafio, com este exercício, a olhar sinceramente para quem você realmente é.

Para realizar o exercício, você irá fazer download do arquivo "Roda do vendedor", disponível no endereço bit.ly/livroQR e responder com sinceridade a todas as perguntas feitas ali. O objetivo do exercício é ajudar você a se localizar como profissional da área de vendas e como está o uso das suas técnicas de vendas, de seu conhecimento e da sua prática no seu dia a dia.

ESCAPE DO CULTO À MÉDIA

Já percebeu como somos "viciados" na média? Quando eu era aluno, a primeira coisa que buscava saber era a média das notas. E você, que é mãe ou pai, está sempre comparando seu filho com a média dos outros alunos: quando colocam sua criança na escola, estão sempre querendo saber o tempo médio que as outras crianças começam a saber a ler e escrever e ficam se perguntando se o seu filho consegue acompanhar a média.

Estamos novamente preocupados com a média quando nos comparamos com a maioria dos colegas, que viajam com a família pelo menos duas vezes por ano. Ou relacionados à nossa vida profissional: com o nível médio de vendas que sua equipe consegue atingir, ou se você vai conseguir manter a média de vendas este mês, ou o que você vai fazer para manter o seu comissionamento na média este ano.

Estamos sempre trabalhando na média. Mas não é para isso que você começou a ler este livro. Eu não quero você na média. Quero você *outlier*, fora da média. Pois, para vender mais, é preciso estar fora da média.

Mas o que é ser fora da média?

Shawn Achor, um dos principais nomes da psicologia positiva mundialmente conhecido por seu livro *O jeito Harvard de ser feliz*, se dedica a estudar psicologia da felicidade. Ele percebeu, ao longo de suas pesquisas, que para cada estudo sobre felicidade e sucesso, havia outros 17 estudos sobre depressão e transtornos. Ou seja, para cada estudo sobre a positividade, há outros 17 sobre o impacto da negatividade nas pessoas.

Esse foi um ponto curioso em seu levantamento, pois levou à conclusão de que para livrar uma pessoa da depressão, por exemplo, não é preciso deixá-la mais feliz, segundo o baixo interesse nos estudos sobre a positividade. Ou seja, a maioria das pesquisas sobre o comportamento humano foca apenas em reduzir os aspectos negativos daquela situação, como curar a ansiedade sem precisar ensinar a pessoa a ser otimista, ou mesmo fazer com que alguém trabalhe, por mais que se sinta desmotivado, mas sem precisar ir muitas vezes para o local de trabalho.

Olhando sob esse ponto de vista e levando para a sua realidade, como você espera melhorar o seu desempenho profissional se só luta para reduzir os aspectos negativos? E aí voltamos ao culto à média: pois é neste ponto que você permanecerá, ficando sempre ali, mediano, e deixando escorrer entre os seus dedos a oportunidade de superar o estado atual em que você se encontra.

E não é isso o que quero para você, pois vou ajudá-lo a sair da média e fazer com que você conquiste muito mais do que tem conquistado até então, e com muito mais prazer, porque vamos trabalhar também todos os aspectos positivos do que você faz. E o primeiro ponto para irmos em direção a esse resultado é encarar como você enxerga seus objetivos, aqueles que traçamos lá no início do livro e pelos quais vamos nos empenhar ao máximo para atingi-los. Mas para que isso aconteça é preciso estar consciente de que toda sua realidade será transformada e você tem de trabalhar para isso.

Parece clichê o que vou falar aqui, mas é a mais pura realidade e só com o pensamento direcionado nessa verdade é que irá conseguir atingir seus objetivos: se você apenas focar na média, estará sempre na média; mas se você focar na direção das melhorias, em que deve melhorar, ir além, pode até ser que você não supere limites, mas encontre uma média acima do lugar onde se encontra atualmente, um ou mais passos acima da sua atual posição, o que vai ajudar a sua autoestima e também motivá-lo a galgar os próximos degraus rumo ao sucesso absoluto.

❝ Ser bom não basta. Você tem que ser excelente. ❞

E por falar em sucesso, esta é a principal sacada do estudo de Achor sobre a felicidade: ao contrário do que pensamos, o sucesso não vem antes da felicidade. Você não é feliz quando é bem-sucedido ou quando encontra o sucesso. É o contrário: a felicidade traz o sucesso. Vendedores felizes e otimistas fecham 56% mais vendas que seus colegas pessimistas. E esse número é conclusão de um estudo científico feito em Harvard, uma das mais conceituadas universidades do mundo.

A explicação remonta à complexidade do nosso cérebro, assunto que tratamos nos capítulos 4 e 5, sobre mudança de *mindset* e autossabotagem, que mostram quão poderosa nossa mente é e como ela foi programada para nos proteger, e como devemos aprender a programá-la para o que queremos e não ficarmos à mercê de suas soluções instintivas. Pois bem, segundo Achor, nosso cérebro é configurado para apresentar o melhor resultado não quando está negativo ou neutro, mas quando está positivo.

Sim, essa é uma das realidades de nossa mente tão pouco exploradas, mas, se você analisar, vai ver que é exatamente assim que as coisas funcionam e não como fomos ensinados a acreditar, que a felicidade gira em torno do sucesso e que se nos empenharmos o suficiente seremos bem-sucedidos. E só quando alcançarmos esse sucesso é que seremos felizes.

Tudo o que se pesquisou até então, antes do trabalho de Achor, nos fazia acreditar que o sucesso era o ponto fixo do universo do trabalho, com a felicidade gravitando em torno dele. Mas graças às descobertas revolucionárias do campo da psicologia positiva, estamos aprendendo que, na verdade, é o contrário: quanto mais estamos felizes, quando a nossa atitude e nosso estado de espírito estão positivos, somos mais inteligentes, mais motivados e, em consequência, temos mais sucesso. A felicidade é o centro. E o sucesso é que gira em torno dela. Temos mais sucesso quando somos felizes.

98   você não vai mais conseguir vender assim

Pare para pensar nessa realidade e veja se não faz sentido, lembrando de alguns dos momentos mais felizes da sua vida. Não é nesse período em que você ousa sonhar mais, pensar em ir além do que já chegou, fazer mais planos? Pois essa é a conclusão desse estudo: nosso cérebro é muito mais criativo, ou seja, consegue estabelecer muito mais conexões quando estamos felizes do que quando estamos tristes. Dessa forma, conseguimos buscar muito mais saídas para enfrentar determinada situação do que quando olhamos de forma pessimista para a nossa vida e o nosso trabalho.

Ser feliz não é acreditar que não precisamos mudar, é perceber que podemos.

Você pode mudar.

Mas então, você deve estar se perguntando: como faço para mudar e ser feliz?

O primeiro passo é **investimento social**.

Aumente seu ciclo de relacionamentos, que também é conhecido como rede de apoio. Em uma pesquisa de Harvard que tentou descobrir as características das pessoas mais felizes, apenas uma distinguia as dez pessoas mais felizes de todas as outras: a força de seus relacionamentos sociais. A questão é que quanto mais apoio social você tiver, mais feliz você será.

Sabe aqueles amigos que não vê há tempos, mas que você sempre diz que vai ligar? Ligue. Reserve um tempo na sua vida. Encontre-se com quem você gosta. Aumente o seu círculo de amizades e relacionamentos especiais: clientes antigos, clientes atuais, porteiro, vizinho, secretária, não importa. Transforme em essencial qualquer pessoa com a qual você esteja conectado. Quanto mais amplo e diversificado for esse círculo de relacionamento, mais apoio você terá para o seu crescimento.

O segundo passo é **dominar o "Círculo do Zorro"**.

Então você me pergunta: qual a relação do Zorro com vendas e o estudo da felicidade? Vamos primeiramente ao contexto do filme *A Máscara do Zorro*, de 1998, com Anthony Hopkins, que interpreta Don Diego de La Vega, o Zorro original, que permaneceu preso e agora precisa treinar seu sucessor, Alejandro, interpretado pelo ator espanhol Antonio Banderas. Don Diego tem um esconderijo, dentro de uma caverna, que usa para treinar seu sucessor. Ele é um espadachim experiente e deve passar todas as suas técnicas a Alejandro; assim, começa traçando um círculo no chão, de onde seu pupilo não deverá sair enquanto treina, durante horas, as técnicas de luta ensinadas pelo mestre.

No filme, vemos que Alejandro não tinha controle nenhum de suas emoções, nem ideia das próprias habilidades, nem uma fé verdadeira na sua capacidade de atingir uma meta. E o pior, sentia que não tinha controle nenhum sobre o próprio destino. Só depois de dominar aquele primeiro círculo é que ele começa a se transformar propriamente no Zorro, digno de suceder seu mestre.

E aí é que está a moral da história, que você deve levar para a sua vida profissional e pessoal: aprenda a dominar um círculo de cada vez, e aos poucos conquiste áreas cada vez maiores de atuação. Ao restringir o escopo dos nossos esforços, produzimos um efeito pretendido, acumulamos os recursos, o conhecimento e a confiança necessários para expandir o círculo, conquistando, aos poucos, uma área cada vez maior. O "Círculo do Zorro" ajuda a ter controle emocional sobre o seu desenvolvimento e garante a segurança necessária para avançar.

O terceiro passo é **treinar o seu cérebro para capitalizar oportunidades**.

100 você não vai mais conseguir vender assim

Responda com sinceridade a esta pergunta: você está programado para encontrar problemas ou soluções? Se seu cérebro está programado para encontrar problemas, você acaba identificando motivos de aborrecimento, contrariedade e estresse. Mas se está programado para encontrar soluções, um mundo de possibilidades se abre diante de seus olhos, pois podemos treinar nosso cérebro para procurar e encontrar também o positivo, enxergar as possibilidades não vistas em todas as situações e nos tornarmos especialistas em captar o benefício da felicidade.

Isso me lembra o que um amigo me disse: "Guilherme, quando você estiver com alguém que não está legal, que só vê coisa ruim, comece a procurar o que você não está vendo. Ninguém é 100% ruim, chato, vingativo. Você pode não estar enxergando o outro lado, porque se prendeu ao que não está gostando". E essas palavras me transformaram e muito, pois consegui colocar em prática, ser mais flexível, estar mais positivo e aberto para as coisas e pessoas e, com isso, buscar mais soluções para o meu dia a dia.

Por isso, é importante que você tenha em mente esses três princípios básicos para ser feliz e conquistar mais sucesso. Comece hoje mesmo a colocar em prática, não deixe para depois, faça agora, comece a mudar a sua vida com essas simples ações que o ajudarão a quebrar o padrão mental que o dominou até então. Torne-se um *outliner*, um vendedor fora da média, o Quebra-Regras. Deixe para trás esse padrão que o impede de conquistar tudo o que você tem direito.

É isso o que quero mostrar a você neste livro: a mudança, para melhor, que minha vida teve, que me fez sair da média, com a minha mudança de comportamento e, claro, muita dedicação. Esse é o segredo para se tornar um profissional Quebra-Regras: o seu dom de agir, de fazer acontecer.

Tudo depende da sua ação, do quanto você é capaz de produzir resultados. Não é mágica, é trabalho.

E isso é imprescindível para que você alcance o seu sucesso.

Chegamos ao fim de mais um capítulo e mais um planeta conquistado por você. Qual nome você vai dar a este novo planeta?

Agora, vamos revisar o que vimos neste capítulo:

- ▶ Mapa mental é uma ferramenta de planejamento estratégico.
- ▶ Com a Roda do Vendedor, você se localizará como profissional e aprenderá como está o uso de suas técnicas, conhecimento e prática, para melhorar sua atuação.
- ▶ A média deixa as pessoas "viciadas" nela e as impede de olhar e pensar além.
- ▶ Uma pesquisa de Shawn Achor mostrou que para cada estudo sobre a positividade há 17 sobre o impacto da negatividade nas pessoas.
- ▶ A felicidade traz o sucesso, e não o contrário.
- ▶ Vendedores felizes e otimistas fecham 56% mais vendas que seus colegas pessimistas.
- ▶ Aumente seu ciclo de relacionamentos, faça um investimento social, entre em contato com velhos conhecidos.
- ▶ Domine o Círculo do Zorro: aos poucos, conquiste áreas cada vez maiores de atuação.
- ▶ Treine seu cérebro para capitalizar oportunidades: busque soluções, e não problemas.

crenças limitantes e crenças positivas: aprenda a ter uma mente vencedora

capítulo 7

Agora que você estabeleceu suas metas e sabe aonde quer chegar, vamos à próxima etapa que vai proporcionar uma mudança de comportamento e da forma de ver as coisas no nosso dia a dia. Todos sabemos que cada pessoa tem uma forma diferente de enxergar a vida e isso depende de seu *mindset*, desenvolvido ao longo de sua vida, com base em suas experiências e na própria forma de analisar o mundo em que vivemos.

Portanto, já começo este capítulo com uma provocação: pessoas bem-sucedidas não têm menos problemas do que as que falham. As únicas que não possuem problemas são as que estão no cemitério. Portanto, livre-se desse pensamento de que os acontecimentos é que vão ser taxativos para o nosso sucesso ou fracasso, pois, como já vimos isso antes, tudo faz parte da nossa vontade, do nosso *mindset*, de como estamos programados a ver nossa vida. O segredo entre o sucesso e o fracasso é saber enfrentar nossos fracassos e entender que os acontecimentos ocorrem por alguma razão, que até pode trazer aprendizado para a nossa vida.

E esse segredo é o resultado da nossa comunicação interna: a forma como conversamos, nos comunicamos conosco mesmos, é moldada por nossas crenças e valores. Quando descobri o poder da minha comunicação interna, isso fez total a diferença na minha vida, possibilitando a minha transformação pessoal.

Por que isso é importante?

A nossa comunicação interna é responsável pela criação de nossa mentalidade, e são nossas atitudes mentais que conduzem a forma como percebemos essa realidade e agimos nela. E nossa atitude mental está fundamentada a nossas crenças, que têm o poder de nos fazer perceber algo como positivo ou negativo.

Vou dar um exemplo que vai ajudar você a entender mais sobre isso: imagine uma esposa cujo marido está atrasado para chegar em casa. Ela liga para o celular dele, mas a ligação não é atendida. Isso já vai acionar a comunicação interna na mente da esposa, dentro das crenças dela, que vão produz determinada atitude mental que irá mudar toda a sua fisiologia e estado de humor.

Se a crença dela é de que o marido está fazendo algo errado na rua, logo os diálogos de incerteza, de briga, de tirar satisfação quando ele chegar em casa vão mudar o seu estado fisiológico e de humor. A atitude mental dela será de raiva, impotência, e logo todo o seu corpo estará inundado por essa sensação e sentimentos ruins. Que é como ela estará quando o marido chegar em casa: no mínimo, bastante irritada.

Coloque-se no lugar dessa esposa e me diga o que passou pela sua cabeça com essa situação e responda com sinceridade: só de pensar nesse exemplo hipotético, toda a sua fisiologia corporal deve ter mudado. Provavelmente, você já deve estar sentindo raiva.

Agora, pense sob outro ângulo. Se a crença da esposa for a de que seu marido está muito ocupado com o trabalho e de que ele precisou ir a algum lugar antes de voltar para casa e no caminho a bateria do celular acabou, seus diálogos internos são outros: de ajuda, de preocupação, e a

106 você não vai mais conseguir vender assim

sua atitude mental também é outra. O marido, provavelmente, será mais bem recebido quando chegar em casa do que na situação anterior.

Isso diz muito sobre a forma como encaramos nossa vida, os desafios que passamos diariamente, as situações que vivemos no nosso dia a dia. Já parou para pensar o quanto de nossos comportamentos, no dia a dia, são moldados por essas nossas crenças, podendo transformá-los em algo construtivo ou destrutivo? Imagine uma situação bem próxima da sua realidade: quando o cliente fica de dar o retorno e não liga de volta. E quando você liga e ele não atende? Qual é a sua sensação? Ansiedade? Desespero?

Para ter resultados diferentes, mude suas convicções.

Portanto, nossas crenças são poderosas na transformação de nossa realidade. Se você tem alguma crença de que alguma coisa é impossível, qual o seu comportamento para alcançá-la? Pesquisas com o uso de placebo foram muito utilizadas em estudos de crença. O nome placebo é dado para remédios de "mentira", quando se quer analisar o efeito de nossas crenças com o uso de drogas e medicamentos verdadeiros.

Voltando a Harvard, vou falar de uma pesquisa realizada por estudiosos dessa universidade relacionada à dor. Um grupo de pacientes tomou remédios potentes para dor, e outro, o placebo, acreditando que estava tomando remédio de verdade. O que aconteceu? Sessenta por cento do grupo que estava tomando placebo apresentou melhoras significativas, mesmo sem ter tomado remédio nenhum, somente acreditando que estavam sendo medicados. Isso prova o quanto nossa mente é capaz de produzir grandes efeitos sobre o nosso organismo.

Outro estudo, feito pela psicóloga norte-americana Ellen Langer, em Harvard foi realizado com idosos de 75 anos, fazendo-os "voltar ao tempo", revivendo, durante uma semana, como se tivessem ainda 55 anos. Eles ficaram em uma casa onde assistiam apenas a programas de TV da época, bem como jornais e revistas. Foi montado um cenário, fazendo-os acreditar que estavam realmente vivendo há 20 anos. Como resultados, todos os seus exames físicos e mentais foram melhores do que os realizados antes do experimento.

Parece mágica, não? Mas o que está implícito nessa pesquisa é que a atitude mental não muda apenas a forma como nos sentimos em relação a uma experiência, mas também altera os resultados e os objetivos dessa experiência. Ou seja, acreditar que somos 20 anos mais novos ou que estamos tomando um remédio que irá curar a dor, mesmo não sendo verdade, muda a realidade. Isso é o **poder da crença**. Porque para nosso cérebro, para a nossa vida, isso é a verdade. Ou melhor, é a única verdade.

O que esses estudos nos ensinam? Que precisamos mudar a nossa atitude mental, remodelar nossas crenças, para que as mudanças possam acontecer. Remodelar nosso sistema de crenças possibilita organizar nossos pensamentos que, por sua vez, produzem mudanças fisiológicas em nosso organismo, nos permitindo adotar uma nova postura corporal de comportamentos.

Se acreditarmos que é possível, será possível. Mas se você não acreditar que pode mudar e não gerar uma atitude de mudança, então você estará sempre no mesmo patamar.

As mudanças de crenças são importantes porque com elas vêm as mudanças de percepção do mundo. E essa percepção muda os nossos comportamentos, que geram diferentes resultados em nossa vida. A mudança de nossos comportamentos somente será possível, sustentável e duradoura se mudarmos nossas crenças internas.

Isso porque, quando se fala em mudar, a primeira coisa que deve ser mudada são nossas crenças. E muitas vezes sequer sabemos que temos essas crenças dentro de nós, que podem ser poderosas, capazes de alavancar nossos resultados, ou limitantes, que são um impedimento para o nosso sucesso. É bom lembrar sempre que as crenças que limitam nossas ações e pensamentos podem ser tão devastadoras quanto as crenças cheias de recursos positivos podem ser fortalecedoras.

Por isso, devemos estar sempre atentos às crenças que cada um carrega consigo, pois elas são os compassos e mapas que nos guiam em direção às nossas metas e nos dão certeza de que chegaremos lá. Com crenças orientadoras fortes, você tem o poder de tomar medidas para criar o mundo no qual quer viver. Sua crença se torna a sua realidade. Por outro lado, as crenças limitantes são nocivas, pois eliminam do mapa quaisquer caminhos que nos possibilitem encontrar novas oportunidades diante das adversidades. E quando perdemos a motivação para procurar esses caminhos, acabamos minando a nossa capacidade de ultrapassar o desafio em questão.

Mas tenho uma boa notícia para você, que provavelmente já está fazendo um levantamento de suas crenças limitantes: na maioria das vezes, elas possuem um prazo de validade, o que não só facilita a sua identificação como também reconhece que ter uma crença é uma escolha sua. Portanto, o nascimento da sua excelência começa com o reconhecimento de que determinada crença é uma escolha e você pode selecionar aquelas que o limitam ou ir para o caminho daquelas que o apoiam. Não há segredo aqui: você deve buscar sempre seguir aquelas crenças que irão continuar contribuindo para o seu sucesso e os resultados que você busca destacar em sua vida.

Portanto, se tudo o que você vê é fracasso, será muito difícil formar representações internas que favoreçam o sucesso. Mas olhando sob o ângulo oposto, se você começa com grandes esperanças, cada fibra do seu ser irá acreditar que terá sucesso. E se você começar com essa comunicação direta, clara, que sabe ser a mais pura verdade sobre sua capacidade, quanto de seu potencial você irá usar? Não tenho dúvidas de que uma boa quantidade, o que vai lhe ajudar a impulsionar, cada vez mais, sua vida e carreira rumo ao sucesso, rumo ao padrão mental que o tornará um *outliner*, um vendedor Quebra-Regras.

" A motivação está dentro de você. Ache-a e use-a para alavancar o seu sucesso! "

Sua realidade é a que você cria. Se tem representações internas positivas ou crenças positivas é porque você as criou. Se as tem negativas, é porque você também as criou. Você está empolgado, energizado, tem grandes esperanças de sucesso. Vai fazer sucesso rapidamente, e isso criará mais crenças e momentos para serem bem-sucedidos numa escala cada vez mais alta.

Com a leitura deste livro e seguindo os passos enumerados aqui, você irá potencializar toda a sua capacidade para conquistar o sucesso que merece.

110 você não vai mais conseguir vender assim

A primeira coisa é trabalharmos na transformação das crenças limitantes, pois elas são o que impedem você de chegar ao patamar que deseja para a sua vida. Aprendendo a lidar com essas crenças e as transformando em algo positivo, você conseguirá enxergar outras e novas possibilidades de atuação frente a uma dada situação, mesmo as mais adversas.

Lembre-se de que é a felicidade que gira em torno do sucesso e não o contrário. Pois então, a mudança de crenças é fundamental para conseguirmos esse estado de felicidade. As crenças podem ser as mais poderosas forças para criar o bem em sua vida. E essa reprogramação de nossas crenças é possível por meio de nossos atos voluntários para uma mudança de atitude mental.

Tudo depende do seu querer. Você quer mudar suas crenças que o estão impedindo de alcançar o sucesso que merece? Pois a neurociência irá reprogramar todas as suas crenças limitantes, abrindo caminho para o seu sucesso por meio do exercício que vamos falar logo abaixo e que poderá ser realizado sempre que precisar, pois esta atividade não tem um momento limite para ser aplicada. Você só precisa de uma caneta e de uma folha de papel.

Este exercício é constituído de quatro passos: **adversidade**, **crença**, **consequência** e **contestação**. Cada um desses passos irá ajudá-lo a identificar a situação, avaliar o motivo, prever o que você ganha com isso e confrontar a crença que o impede de ter o sucesso que você merece.

Vamos começar pelo primeiro passo, a **adversidade**, que é quando você vai ativar o evento ou situação. Adversidade é um evento que não temos como mudar, por exemplo, não se dar bem com seu gerente, não conseguir captar nenhum cliente em determinado período. Agora, escreva a sua situação adversa que quer muito mudar na vida. Geralmente, é uma situação que ocorre com muita frequência no seu cotidiano.

No segundo passo, você vai trabalhar com a sua **crença limitante** sobre a adversidade. A crença é nossa reação ao evento, o motivo pelo qual achamos que ocorreu essa adversidade e o que ele significa para o futuro. Como exemplo, estão aqueles pensamentos que parecem não nos deixar nenhuma saída a não ser render-nos diante das adversidades, como "não dou sorte com clientes" ou "não consigo me relacionar bem com meus colegas".

Saiba identificar e entender que essas formas de pensar são generalistas e construídas com o tempo, como resultado da situação adversa. Pensamos que são a verdade, pois ocorrem com certa frequência em nossa vida. Mas isso está justamente na sua forma de comportamento, já que, nessas situações, a tendência é sempre adotar o mesmo padrão de resposta, que faz com que você caia sempre num círculo vicioso, de que "se você não é bom mesmo naquela coisa, para que vai se dedicar?". Portanto, escreva essas crenças construídas a partir das adversidades que você listou no passo anterior.

No terceiro passo, você irá trabalhar as **consequências emocionais e comportamentais** dessa crença. A consequência é o resultado emocional de como nos sentimos e nos comportamos diante da adversidade. É o resultado de nosso comportamento a partir de nossas crenças e nossa atitude mental. Se você realmente acredita que não tem sorte com clientes, ou que não é bom o suficiente para fazer prospecções, ou que é impossível conviver com o seu superior, não adianta fazer nada, já que você não tem sorte mesmo.

112   você não vai mais conseguir vender assim

E esse pensamento é perigoso, pois o joga para baixo, deixando-o sem energia para continuar e se livrar desse círculo vicioso que impede a sua escalada rumo ao topo. É por isso que achamos que nossas crenças são generalistas, pois se toda vez em que acontece a adversidade você pensar que não irá conseguir, você mina a sua energia e a probabilidade de sucesso diminui, entrando num círculo vicioso, que faz com que acredite que não é bom nisso mesmo. Você generaliza tudo.

Portanto, escreva no mesmo papel quais as consequências emocionais e de comportamento que gera essa crença que você tem toda vez que lida com uma situação adversa. Como se sente quando tem de lidar com uma situação que acredita não adiantar mais nada, porque não vai dar certo?

Quero que se coloque na situação que escreveu. Como você está? Motivado ou desmotivado? Com ânimo para fazer diferente? Consegue perceber novas saídas além das que está vendo? Quais são as emoções indesejadas que você sente toda vez que depara com a adversidade?

Perceba que a crença o coloca no que chamo de "espiral descendente" de energia. Cada vez que você está diante da adversidade, tem menos energia para enfrentá-la, porque a sua crença de que "não dá certo mesmo" é muito poderosa e suga a sua energia de ter resultados diferentes. Mas isso vai mudar.

E é no passo quatro que você vai aprender isso, ao **contestar** a crença limitante. Aqui, você irá aprender a convencer sua mente de que essas convicções negativas não passam de crenças limitantes e que precisam ser desafiadas. Leia as crenças que você listou lá no primeiro passo, em voz alta, e procure se lembrar daquela vez que aconteceu justamente o contrário, ou seja, deu certo. Pode ser apenas uma vez, mas somente isso já é o suficiente para contestar essa "verdade" que sua mente quer empurrar para você.

Agora, faça a você mesmo as seguintes perguntas: Se essa crença fosse de um amigo seu, o que diria para ele? Deixaria seu amigo pensar como você pensa? Qual conselho daria para ele? Você deixaria um amigo seu seguir um raciocínio como esse? Quais as outras interpretações possíveis para a situação? Quais são as evidências que sustentam essa crença? Ela é incontestável? Quais são as outras interpretações plausíveis para o evento? Por que você pensa isso?

Somente um evento positivo já é o suficiente para que sua crença seja contestada ou se torne uma mentira. Quando você consegue lembrar de um ou mais momentos em que foi bem-sucedido, a crença passa a ser desconstruída. Então, percebe que o que você tinha até então como verdade é apenas uma ação pontual de algumas vezes que não deram certo.

A contestação é denominada de "descatastrofização", ou seja, provar para nós mesmo que, apesar de a adversidade ser real, talvez ela não seja tão catastrófica quanto achava que fosse. Não são tão "verdades" assim como achávamos que eram.

Agora, faça o contrário: quais foram os comportamentos que você adotou quando deu certo? Você estava mais paciente? Estava mais feliz? Atendeu melhor o seu cliente? Busque alternativas, novas possibilidades para fazer diferente e gerar resultados de sucesso, que reforçam o seu comportamento. O sucesso de recompensa. E você passa a adotar o novo padrão de comportamento.

114 você não vai mais conseguir vender assim

Só tem a capacidade de ousar aquele profissional que confia em si mesmo.

Intensifique esses novos padrões e os aprimore. Conquiste novos resultados nunca antes mostrados. Lembre-se de que todas as suas crenças limitantes precisam ser contestadas para que você consiga abrir espaço para uma nova forma de atuação na sua profissão. Sem a transformação de suas crenças limitantes, não há conquista do sucesso.

Ao contestar uma crença, você consegue buscar novos padrões que possibilitam alcançar o sucesso. Você precisa descobrir o que pode fazer para aumentar as suas chances de sucesso. Quais são os novos padrões que precisa adotar para ter sucesso sempre? O que fazem as pessoas que conseguem superar as suas metas? O que você pode aprender com elas?

Ao mudar a sua crença, você muda a sua percepção de realidade e passa a abrir a sua mente a novas possibilidades até então nunca possíveis. A reprogramação de crenças o liberta para conquistar suas metas e o energiza para o sucesso, colocando-o mais aberto para o novo.

Construa atitudes mentais positivas para que você supere sua meta todo mês e ainda venda muito mais!

Parabéns! Mais um planeta conquistado! Que nome você vai dar a ele?

Vamos rever o que foi abordado de mais importante neste capítulo:

► A nossa comunicação interna é responsável pela criação de nossa mentalidade.

Guilherme Machado 115

► Remodelar seu sistema de crenças possibilita organizar pensamentos e adotar uma nova postura de comportamentos.

► A mudança de crenças é importante, porque com ela vem a mudança de percepção do mundo. Sua realidade é a que você cria: tanto as representações positivas quanto as negativas.

► Refaça o exercício para identificar e confrontar suas crenças limitantes sempre que algo o impedir de progredir no que você planeja para a sua carreira.

quoeficiente de adversidade: o diferencial para o sucesso nas vendas

capítulo 8

Vivemos em um mundo em que as verdades mudam constantemente, assim como as formas de fazer as coisas. E aposto que você já ouviu que o cliente e o mercado mudaram. Portanto, quero lhe fazer uma pergunta: qual a mudança que você tem provocado em sua vida para acompanhar este mundo em constante evolução?

No capítulo anterior, você aprendeu a identificar suas crenças positivas e crenças limitantes e a trabalhar para modificar a forma como sua mente vê essas crenças limitantes. Portanto, já sabe que fazer as coisas do mesmo jeito não o ajudará a alcançar patamares diferentes ou fazê-lo sair do lugar. É preciso realizar as coisas de um jeito diferente, mudar seus comportamentos. Caso contrário, você vai ficar desatualizado e achando que a culpa é do outro, do mercado, do governo, e assim por diante, caindo novamente naquela espiral negativa de crenças limitantes.

Por isso, pense fora da caixa, aprenda a inovar, fazer diferente e buscar resultados diferentes. E com este livro quero provocar em você uma mudança profunda da sua forma de ser vendedor e ajudá-lo a trabalhar para alcançar os resultados que deseja. Para que essa mudança aconteça, você precisa ter um alto **Quoeficiente de Adversidade** (QA). Já ouviu falar disso?

Pois o conceito do QA baseia-se no fato de desaprender e reaprender sob diferentes aspectos, arriscar, errar, aprender com seus erros e os dos outros. Desconstruir e reconstruir novas formas de fazer as coisas para gerar resultados mais rápidos.

> **É a vontade de aprender sempre mais e o empenho em consolidar uma prática diferenciada que nos levarão ao topo.**

Durante muito tempo, entendia-se que o **Quoeficiente Intelectual** (QI) era o fator que predominava no sucesso profissional, ou seja, o seu sucesso dependia somente de sua inteligência. Porém, estudos mais recentes mostram que o QI facilita o seu aprendizado, mas não garante o seu sucesso profissional. Pois, além de conseguir aprender com maior facilidade, sua capacidade de gerar maior resultado depende de sua capacidade de interagir com as pessoas, de se relacionar e de se fazer entender cada vez mais.

Esse entendimento surgiu no início do século XX, quando alguns autores escreveram sobre as inteligências múltiplas: inteligência social, inteligência inter e intrapessoal, entre outras, como fator de sucesso. Mas não era tudo.

No final do século XX, outro conceito ganhou forma: o **Quoeficiente Emocional** (QE), pesquisado intensamente pelo psicólogo norte-americano Daniel Goleman, que foi um de seus principais precursores. O QE surgiu como um diferencial para o sucesso pessoal e profissional, já que a capacidade de reconhecer os atributos próprios e os dos outros, assim como a capacidade de lidar com eles, seja o diferencial dos profissionais de sucesso.

120 **você não vai mais conseguir vender assim**

E mais recentemente o especialista em liderança norte-americano Paul Stoltz foi o responsável pela criação do conceito do Quoeficiente de Adversidade (QA), destacando que essa é a habilidade essencial para o profissional do século XXI. QA é um termo oriundo da engenharia e se refere à capacidade de determinada matéria resistir a determinadas condições, mantendo as mesmas características originais, ou seja, a sua essência, a sua integridade.

Entender e desenvolver o seu QA é imprescindível, porque é o seu QA que irá facilitar os processos de mudança na sua vida. Por que isso é tão importante? Porque no mundo, cada vez mais competitivo e ágil, gerar resultados é saber lidar com as adversidades, que não são poucas. E em pleno século XXI, dominado pela velocidade das informações e das mudanças em todos os níveis, a competência que prevalece sobre todas as outras é a capacidade de darmos resultados mediante retornos adversos. É justamente o seu QA.

Vamos fazer agora um teste para você saber qual é o seu QA.

Faça download do arquivo que está neste endereço: bit.ly/livroQR e responda todos os itens do questionário. Seja imparcial e não force uma resposta. Responda de acordo com o seu comportamento e não o que você pretende ser ou gostaria de ser ou como gostaria que os outros o vissem. Confesso que foi um erro que cometi bastante ao fazer pela primeira vez esse exercício. Portanto, é muito importante que seja verdadeiro com você. Afinal, estamos falando da sua carreira, do seu sucesso.

Nesse questionário não há respostas certas ou erradas. Atribua o grau de cada item do questionário de acordo com os seguintes critérios:

- GRAU 4: se o seu comportamento for de acordo com a característica.

- GRAU 3: se o seu comportamento procura seguir a característica descrita.
- GRAU 2: se o seu comportamento pouco se assemelha à característica.
- GRAU 1: se o seu comportamento for contrário à característica.

Depois que você terminar de fazer o teste, some a pontuação e confira o resultado com a descrição da tabela. Independentemente do seu resultado, esse teste serve como um balizador, para que tenha em mãos um diagnóstico de onde você se encontra. Isso irá ajudá-lo a impulsionar suas ações para a mudança que você precisa ver acontecer, permitindo que alcance o que veio buscar.

O mais importante aqui não é saber se você tem um QA alto ou baixo, e sim saber onde está para conseguir desenvolvê-lo. Não é um resultado estático, imutável, e sim um ponto de partida que vai ajudá-lo a prestar atenção às formas de reação para as situações à sua volta e aprimorar o seu QA e cada vez mais alcançar tudo aquilo o que deseja para a sua vida.

Quanto mais elevado o seu QA, mais controle interno e espontâneo sobre suas emoções você tem. Em contrapartida, quanto menor o seu QA, menor o seu controle emocional, que pode se manifestar em descontrole ou em comportamentos pouco assertivos diante das situações adversas do seu dia a dia. Um baixo QA também se relaciona ao processo de vitimização. Quanto menos a pessoa se sente capaz para enfrentar as adversidades, mais ela precisa se colocar no papel de vítima. Porque assim ela justifica para si e para os demais a própria incompetência ou acredita realmente que o problema não é seu.

Você conseguirá aumentar o seu QA quando conseguir enxergar além de uma percepção restritiva, ao se dar conta de que nenhuma situação, por pior que seja, é maior do que a sua capacidade de enfrentá-la. Tornar-se um vendedor Quebra-Regras é conseguir ampliar o seu QA, ir além e ampliar sua capacidade de lidar com as adversidades com foco, planejamento e estratégia. É ampliar a visão de sua vida pessoal e profissional e se dar conta de que nenhuma situação é maior do que a sua capacidade de enfrentá-la.

Tendo isso em mente, você precisa entender que, apesar de estar acostumado a acessar determinada competência para responder a situações do cotidiano, na verdade você possui um estoque muito maior do que aquele que comumente utiliza. O seu potencial disponível é muito maior do que a capacidade acessada. O que normalmente ocorre é que, nas situações de adversidade, você toma como referência a capacidade acessada e por alguns momentos acredita que não tem as condições necessárias de responder à adversidade, uma vez que está "cego" para enxergar outras saídas. Você consegue aumentar o seu QA quando consegue ir além dessa percepção restrita. É voltar e refazer aquele exercício sobre as crenças limitantes e eliminar tudo o que o impede de crescer.

Pois para enfrentar qualquer adversidade você deve se sentir responsável por ela. Sentir-se responsável é perceber que você pode influenciar as situações e mudar seus impactos. É ter controle sobre a situação e não deixar à mercê do acaso. É saber o que você pode fazer e como pode fazer para conter os efeitos das adversidades.

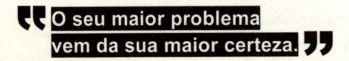

O seu maior problema vem da sua maior certeza.

Saiba que se você não entender que é parte do problema também não entenderá que é parte da solução, por isso não se responsabiliza pelas eventuais consequências negativas que isso pode estar gerando para a sua carreira e a sua vida. Então, pare agora de dar justificativa para seus problemas e comece a se perguntar o que pode fazer que ainda não tomou essa iniciativa. Aprenda a enxergar a situação sob novos aspectos e você enxergará outras saídas para o problema enfrentado.

Busque apoio em sua rede de relacionamento e aja dentro de seu círculo de influência. Aprenda a dominar e a ter controle sobre a sua vida. Isso é desenvolver seu Quoeficiente de Adversidade. Não reclame diante do problema, aprenda a evoluir com ele.

Jim Collins, autor do livro *Empresas feitas para vencer*, tem uma frase de que gosto muito, pois a considero muito importante:

> Não somos aprisionados pelas nossas circunstâncias, nossos revezes, nossa história, nossos erros, nem mesmo as descomunais derrotas ao longo do caminho. Na verdade, somos libertados pelas nossas escolhas. A capacidade de nos elevar, não apenas dos contratempos, mas devido a eles.

Portanto, aprenda a olhar os seus desafios como uma oportunidade de crescimento e você aprenderá a desenvolver, a cada novo desafio, o seu QA.

Desenvolva o seu QA e você conquistará o sucesso!

O SEGREDO PARA CONSTRUIR E CONSOLIDAR HÁBITOS DE SUCESSO

Vamos fazer uma pequena brincadeira agora: quero que se imagine como o presidente de uma empresa de destaque e você precisa nomear alguém para o cargo de diretoria. Há três possibilidades: um excelente colaborador que está com você desde o início, dedicado e de sua confiança, mas que não tem todas as habilidades necessárias para o cargo; um jovem talento que tem alto potencial de desenvolvimento, um perfil brilhante, mas que não está pronto para o cargo; e um colaborador que tem maturidade, experiência e habilidades técnicas para o cargo.

Qual você escolheria, levando em conta a competência para o cargo de diretor? Provavelmente a terceira opção, certo?

Então, você irá me perguntar: aonde quero chegar com essa história?

Bom, esse pequeno exercício ajuda a ilustrar um pouco sobre a **Lei do Processo**, que é uma das "**21 Leis Irrefutáveis da Liderança**", que foram listadas pelo autor e conferencista John Maxwell. O aprendizado é um processo e as coisas não "caem do céu", assim como oportunidades só aparecem para quem está preparado. A Lei do Processo diz exatamente isso: as coisas levam tempo para ser internalizadas, aperfeiçoadas e assimiladas para que então consigamos os resultados duradouros. O melhor exemplo disso é o regime: você pode até emagrecer rápido, mas a excelência de se manter magro é um processo de mudança de hábitos alimentares.

Portanto, trabalhar duro e consistentemente é o melhor caminho para o sucesso. O sucesso vem para quem está preparado. Não acredito em sorte. Desde que comecei minha carreira como corretor de imóveis palestrante e consultor, essa premissa sempre foi um mantra para mim. Não existe sorte. Sorte é para os despreparados. O que precisamos é construir o nosso sucesso. E o sucesso só vem crescente e sustentavelmente para quem se prepara de modo contínuo.

Sucesso é uma questão de perseverança e atitude.

Afinal, qual é a probabilidade de um executivo júnior se tornar, da noite para o dia, o CEO de uma empresa? Muito poucas, não é mesmo? Assim também como é pouco provável que, da noite para o dia, um vendedor com uma média mensal de vendas baixa triplique esse valor.

Já ouviu falar de prática deliberada?

Vou explicar: segundo estudos, para que você domine um conhecimento e consiga transitar com excelência, são necessárias 10 mil horas de prática para dominar uma habilidade, transformando-a em uma competência. Até esse novo conhecimento se transformar em uma competência, antes, você precisa torná-lo um hábito em sua vida. Dominar um assunto, uma técnica de vendas ou realizar uma negociação, sabendo transitar nela com maestria, como se já fizesse parte de você é para quem exercita a prática deliberada e que utiliza a Lei do Processo a seu favor.

Portanto, dificilmente um jovem, por mais potencial que tenha, conseguirá resultados excepcionais sem ter antes conquistado essa excelência com o seu fazer. O problema é que hoje em dia mal iniciamos uma coisa e já nos denominamos doutores nesse assunto. Ter domínio de um assunto para manejá-lo sob vários aspectos, entender suas variações, conseguindo se antecipar a problemas e obter resultados positivos em todas as situações é para quem realmente transformou esse conhecimento em excelência.

Não estou dizendo que uma pessoa jovem não possa ser excelente em uma área. Pode, sim, desde que tenha conquistado anteriormente uma

126 você não vai mais conseguir vender assim

vasta experiência no assunto, e não somente achar que sabe algo por ter realizado algumas vezes.

A excelência vem com a prática deliberada, com as 10 mil horas de treino. Então, o que precisamos é construir novos e bons hábitos, treiná-los, para que se tornem competências que nos permitirão alcançar o sucesso.

Vimos no capítulo 7 como trabalhamos com nossas crenças, diagnosticamos nosso QA no exercício anterior e entendemos como ele pode se tornar o facilitador das mudanças que precisam ocorrer em nossa vida. Agora vou revelar como você pode construir ou modificar hábitos que farão com que supere a sua meta todo mês e ainda venda mais.

O hábito funciona da seguinte forma: inicia-se como um estímulo, que dispara uma ação comportamental para então obtermos a recompensa. O problema dos hábitos é que o nosso cérebro cria uma dependência dessas rotinas automáticas, pois nosso organismo vai tentar, ao máximo, economizar energia, fazendo coisas que ele está acostumado a fazer. É por isso que maus hábitos funcionam quase sempre como uma maldição para nós.

Já reparou como é difícil desconstruir um hábito? Quando ele é automático, nós simplesmente fazemos. Nosso organismo funciona no princípio da inércia. Todo o nosso corpo, incluindo o cérebro, busca, permanentemente, formas de gastar menos energia e, por isso, nossos hábitos são construídos. Se tivermos que pensar, analisar e tomar uma decisão para cada pequena coisa que fazemos no nosso dia a dia, nosso cérebro viveria em convulsão.

Você não pensa para escovar os dentes. Ou quando está dirigindo por um caminho já conhecido, às vezes, não se lembra como chegou em casa. Até na hora de dirigir: o processo é tão automático que você não se dá conta de quantas coisas precisa fazer para dirigir, como trocar a marcha, olhar o retrovisor, acelerar, frear, e assim por diante. Você só pensa nisso quando está aprendendo. Depois, quando se torna hábito, dirigir se incorpora em seu repertório e você faz automaticamente. Você só retoma a consciência de que está dirigindo quando algo sai do normal.

Estamos cheios de hábitos. Só pensamos um pouco e logo perceberemos vários. Um exemplo que acontecia comigo: por diversas vezes, atendi clientes que eu pensava ter o mesmo perfil de tantos outros que já estava acostumado a atender. Ligava o piloto automático e saía falando, apresentando o mesmo empreendimento para todos com aquele perfil que eu julgava o mesmo. Isso também já deve ter acontecido com você.

Parece que temos um chip para identificar clientes espontaneamente: uma vez identificado, já sabemos o que fazer. Como se tivéssemos um script específico para aquele tipo de cliente, sem nem tentar entendê-lo. Não me preocupava em entender as suas particularidades, em entendê-lo como único. Aposto que você já passou por isso.

E não se engane, pois esses hábitos só foram construídos porque foram importantes para nós em algum momento da nossa vida, mas que agora não estão funcionando como precisam. O lado bom é que podemos mudá-los. Estudos mostram que a força de vontade é o hábito mais importante de todos para o sucesso individual.

Mudar um padrão de comportamento requer um esforço deliberado até que se consiga constituir uma nova forma de realizar nossas ações. Para que esse novo comportamento se transforme em hábito em sua vida, precisa estar muito claro qual o benefício que ele irá trazer. Se você não conseguir perceber isso, não terá motivação suficiente para torná-lo um

128   você não vai mais conseguir vender assim

hábito. Quanto maior o ganho que você perceber que terá ao adquirir esse novo hábito, com mais facilidade ele será instalado.

Se você entender que consegue vender mais quando sai do piloto automático e compreende o cliente com mais facilidade, certamente irá se empenhar para construir esse novo hábito. Pense nisso, em vez de ficar achando que seus clientes são loucos, pois eles o procuram, mas depois não voltam nunca mais. Cuidado, pois o problema pode estar nos seus hábitos, no seu atendimento, que muitas vezes você nem percebe que possui. Nossa melhor arma, na batalha contra os maus hábitos, é simplesmente tornar mais difícil de serem sucumbidos.

> **Liberte-se de conceitos preestabelecidos. Foque na demanda do seu cliente, satisfaça as necessidades dele e venda!**

Para mudar seus hábitos, vamos fazer um exercício que está disponível no endereço bit.ly/livroQR. O primeiro passo é escrever no papel do exercício um hábito que deseja adquirir na sua profissão. Em seguida, vá para o segundo passo, que é o planejamento. Nessa etapa, você vai traçar as suas estratégias, definir o que irá fazer, como e quando colocará em prática o novo comportamento.

Fique atento com o agendamento do horário para fazer o que deseja. O melhor horário é aquele que você tem a menor probabilidade de conseguir desculpas para não fazer. Lembre-se de que a Lei do Processo é um esforço contínuo e permanente. E não custa nada relembrar aqui: não estabeleça metas impossíveis ou incongruentes com a sua realidade, pois facilmente você poderá se autossabotar e ficar desanimado ou se achar incompetente.

Realizando esse passo, vamos ao terceiro: a prática. Depois de definir o que você irá fazer, vem a parte mais importante, que é praticar o que definiu até que esse novo comportamento se torne um hábito e deixe de ser um esforço para o seu cérebro e consequentemente para você. Aos poucos, esse novo comportamento fará parte de sua rotina. E à medida que os resultados forem aparecendo, cada vez mais esse novo comportamento se tornará um hábito de sucesso. Quanto mais fizer, mais incorporado esse hábito estará em você.

Eu já fiz isso e posso dizer que com essa mudança de comportamento aumentei, e muito, as minhas vendas e melhorei substancialmente o meu atendimento. Mas não vou mentir: no início é difícil, mas depois do hábito instalado você será recompensado pelas consequências.

A chave para a mudança de hábitos na aquisição de novos comportamentos é ter todas as artimanhas para não se autossabotar. Não deixe que o sentimento de desânimo e a preguiça o impeçam de fazer. Por isso, deixe tudo programado, planejado previamente ou na véspera para que você não tenha que pensar. Esta é a melhor tática para a construção de novos hábitos.

O sucesso o aguarda!

Parabéns! Mais um capítulo terminado e um novo planeta conquistado! Que nome você vai dar a esta nova descoberta?

---

130 **você não vai mais conseguir vender assim**

Vamos revisar os pontos mais importantes deste capítulo:

▶ O Quoeficiente de Adversidade (QA) tem como conceito desaprender e reaprender sob diferentes aspectos para gerar resultados mais rápidos.

▶ Quanto mais elevado o QA, mais controle interno e espontâneo sobre suas emoções.

▶ Para enfrentar qualquer adversidade você deve se sentir responsável por ela.

▶ Segundo a Lei do Processo, as coisas levam tempo para ser internalizadas, aperfeiçoadas e assimiladas para que então consigamos os resultados duradouros.

▶ Segundo estudos, são necessárias 10 mil horas de prática para dominar uma habilidade, transformando-a em uma competência.

▶ A força de vontade é o hábito mais importante de todos para o sucesso individual.

▶ Mudar um padrão de comportamento requer um esforço deliberado até que se consiga constituir uma nova forma de realizar nossas ações.

pare de vender produtos: venda *insights*

capítulo 9

ão divulgadas em nosso país muitas informações sobre a crise, corrupção, recessão. De fato, o cenário econômico não está dos mais favoráveis. E percebo um número cada vez maior dos profissionais de vendas reclamar da concorrência desleal, dos juros altos e do mercado. Por outro lado, as oportunidades aparecem nos momentos de crise.

Sabe o que vejo realmente nesse cenário "pessimista"? Profissionais vendendo da mesma maneira que muito tempo atrás. Sem fazer nada de diferente. E os profissionais que mais reclamam são aqueles que menos agem proativamente na busca de uma mudança de realizar suas vendas. A mesma ladainha de sempre, os mesmos argumentos, e as mesmas técnicas de vendas de 100 anos atrás. Se você está achando que a crise não existe ou que é momentânea, afirmo, você está muito enganado. Essa crise é uma mudança climática em escala global, duradoura.

Vamos contextualizar: durante muito tempo nos ensinaram que para sermos bons vendedores precisamos dominar a arte de descobrir o que o cliente quer ou precisa para só então você poder vender as soluções para um problema diagnosticado. Essas soluções são um pacote de produtos (ou serviços) para oferecer ao seu cliente que atendem dentro de sua demanda. Não é assim que você faz?

A venda de soluções soa muito bem para nós, vendedores. Mas até a década de 1990, quando as informações eram escassas e somente alguns grupos especializados detinham dados sobre aquela área. Isso mantinha os clientes muito mais dependentes dos nossos serviços. Até aquela época, se o cliente precisasse de informações sobre o produto, como características, onde encontrar, formas de pagamento, o vendedor era o melhor profissional, o mais completo, que poderia ajudá-lo a solucionar o seu problema.

Mas hoje as soluções estão "pulverizadas" nos quatro cantos da internet. Em um mundo muito mais globalizado, horizontalizado e com uma imensidão de informações em todos os cantos, os desafios mudaram completamente. O cliente já sabe como procurar a solução do seu problema. Por isso, a maior parte das negociações que começamos já se iniciam em uma grande negociação de preço.

Muitas vezes o cliente sabe mais do produto que procura do que você. Já olhou toda a concorrência e, pior, você é só mais um vendedor para ele. O nosso problema é que nos tornamos especialistas em vender soluções, mas o cliente já aprendeu a encontrar essas soluções sozinho e já não precisa do vendedor como no passado. Mas nós não sabemos vender para esse cliente que só quer preço.

Não adianta reclamar desse cenário, sabe por quê? Porque quando você sai para comprar um produto, principalmente se for de alto valor, faz a mesma coisa. Você nunca vai falar: "Ah, vou lá no vendedor X, que sabe tudo sobre esse produto. Ele vai tirar todas as minhas dúvidas e fazer uma consultoria exclusiva: qual a melhor marca, o melhor modelo, para que eu possa ter o melhor custo-benefício dessa compra". Quem nunca deparou com um cliente que só quer saber do preço do produto e só bastou ter a informação que sumiu como fumaça? E quem nunca fez isso?

> **Vendedor, não basta mais ter o coração do cliente. Você precisa encontrar o espírito do cliente.**

Rodando todo o Brasil, vejo profissionais pedindo dicas de como atender bem. O vendedor está no meio de um conflito pessoal e profissional, pois ele quer atender bem o seu cliente, mas o cliente só quer saber de preço. Muitas vezes argumentam que o cliente sequer espera a apresentação do produto, não quer entender a demanda e nem ver outras boas oportunidades.

Tenho certeza de que, assim como eu, você já passou por diversas situações semelhantes em que o cliente só quer negociar o preço. Cada vez mais estamos nos tornando meramente uma tabela de preços e de concessão de descontos. Nossa crise não é econômica nem é passageira. O nosso problema é que ainda estamos vendendo como na era Pré-histórica.

Você pode simplesmente ignorar a reviravolta que está acontecendo e continuar a vender como sempre, ou pode parar de vender produtos. Isso mesmo. Abandone de vez a "empurrometria". O maior problema que nos impede de vender mais é porque ainda estamos vendendo produtos ou serviços. Seus clientes não querem mais comprar produtos, não querem mais comprar soluções. Eles querem comprar *insights*!

Parece loucura, mas ser louco é ser um Quebra-Regras, é sair da manada.

Lembram quando a Apple lançou o iPhone, em 2007? Na época, a empresa tinha o iPod Touch Screen, que já era a revolução desse tipo de aparelho. Internet de alta velocidade já era uma melhoria significativa num telefone. Agora, imagina os três – iPod touch screen, internet de alta velocidade e celular – em um só aparelho?

É lógico que essa demanda não partiu de um cliente, que chegou para o Steve Jobs e disse que queria um telefone que navegasse rápido na internet, tocasse música e tivesse uma interface amigável e tela sensível ao toque. E vender *insights* é exatamente isso: provocar o cliente para promover uma demanda que nem ele mesmo sabia de que precisava. Mas depois que esse produto ou serviço surge, o cliente não vive mais sem.

Seu principal objetivo hoje é esse: tornar-se indispensável, surpreender o cliente, provocá-lo para algo que nem mesmo ele sabe. É reinventar a sua forma de vender. Seu principal objetivo nessa revolução que está acontecendo é reduzir o trabalho do seu cliente, não mais vendendo para ele, mas sim ensinando-o a comprar. Ensinar a ele os prós e os contras em adquirir este ou aquele produto ou serviço.

Ele tem que ver em você aquilo o que não conseguiria fazer sozinho. Você tem que ser um criador de *insights* para seu cliente, provocá-lo diferente, para sair de sua zona de conforto, e decidir o que é melhor para ele. É liderar a venda do cliente. Você precisa ser o evangelizador, ensinar o seu cliente a comprar e tornar a vida dele mais fácil na hora em que precisar adquirir um produto ou serviço.

Enquanto o vendedor normal é orientado pelo cliente, você, o vendedor Quebra-Regras, dá a orientação do seu cliente. É um modelo totalmente disruptivo, revolucionário. E como fazer para se tornar um vendedor QR e

136 você não vai mais conseguir vender assim

começar a vender *insights*? Pois é a partir daqui que começa uma nova fase para você. É preciso ter coragem e ousadia para abandonar a cartilha tradicional e conceber uma nova estratégia de vendas.

Diferentemente dos vendedores tradicionais, o supervendedor, o vendedor QR, inicia o processo de vendas de *insights* para revolucionar o processo de agir do cliente. Ele não tem medo de tirar o cliente da sua zona de conforto. Busca clientes com perfis diversificados, sabe que os compradores céticos e exigentes são os de fato, formadores de opinião, que definem a compra e o indicam para todos, porque foram bem atendidos.

Lembro quando trabalhava como corretor e veio um cliente até mim, procurando um imóvel de três dormitórios. Lógico que todos os imóveis que mostrei para ele eram nessa configuração. Afinal, era o que ele estava pedindo. No entanto, sempre ao final, esbarrávamos no preço. Então, passei a buscar imóveis com uma localização mais afastada, porque estava procurando reduzir os preços, ou oferecer com menos itens de lazer. E nunca agradavam o cliente.

Na época eu estava estudando sobre *insights* e decidi que não desistiria daquele cliente e nem o chamaria de louco. Coloquei como objetivo ser a única opção para aquele cliente. Não foi fácil. Mas resolvi transformar minha forma de vender imóveis e comecei a questionar o cliente, fazendo-o pensar em outras possibilidades diferentes da demanda já estabelecida.

Ele estava obstinado em ter um terceiro dormitório para transformar em escritório, mas estava bem seguro do quanto poderia gastar. Então, comecei a trabalhar na ideia de área privativa, tirando o foco do meu cliente da quantidade de dormitórios. Comecei a dar *insights*, provocando-o a fazer comparações com os empreendimentos que já havia apresentado. Embora o cliente não estivesse pensando em vender, eu trabalhava também com o cenário financeiro e o retorno, ensinando o cliente a olhar sobre outras perspectivas a sua compra.

Não foi fácil mudar a minha forma de vender. Mas eu tinha um propósito: ser a única opção de corretor para aquele cliente. Foi quando consegui levá-lo a visitar um imóvel de 80 metros quadrados com dois dormitórios e dependência de empregada. Só precisei apresentar esse apartamento depois de trabalhar para mudar a forma de pensar desse meu cliente. Foi uma venda certa.

Muitos corretores normais não teriam essa atitude, aceitando a demanda estabelecida do cliente e, no final, o chamariam de louco e fora da realidade, caso não conseguisse o imóvel que estava procurando pelo preço que poderia pagar. Não é assim que se gera *insights*. Você deve ensinar o seu cliente a comprar por meio de ideias que o façam pensar diferente e tomar a opção de comprar com você.

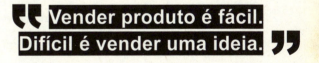

A melhor forma para conseguir desenvolver a abordagem de venda de *insights* é abordar o cliente muito mais cedo, bem antes que este entenda plenamente suas necessidades, como fez Steve Jobs com o iPhone. Ele criou a demanda. Com isso, você consegue ter o controle do processo de compra do cliente e, dessa forma, construir e aumentar a sua credibilidade, sendo referência em vendas. Nos próximos capítulos, veremos também como construir estratégias de relacionamentos diferenciados com o cliente para que você o conquiste muito antes de ele ter uma necessidade de compra.

138 **você não vai mais conseguir vender assim**

Adiantando um pouco, o vendedor QR, para vender *insights*, precisa ter três estratégias básicas. A primeira é evitar a cilada da "demanda estabelecida". Clientes com essa demanda estabelecida já chegam para comprar com uma ideia fixa do que querem e na maioria das vezes, a venda se torna uma grande negociação de preços, tornando o vendedor um refém dessa negociação e não um orientador da negociação.

A segunda estratégia básica é buscar clientes mobilizadores e não os "puxa-sacos" ou os amigos. O verdadeiro vendedor QR foca nas pessoas envolvidas que decidem, ou quem são os formadores de opinião em uma negociação. Não tem medo de clientes "chatos", "difíceis", pois sabe que se contornar as críticas e perguntas desses clientes certamente terá um grande aliado e conseguirá não somente a venda, como também boas indicações.

A terceira é mostrar ao cliente como comprar. Gere *insights*, faça-o pensar sob uma ótica não analisada, mostre para ele os prós e contras, oriente, ensine. Mas lembre-se: os melhores vendedores estão trocando as vendas de soluções pelas vendas de *insights*, estratégia que exige uma abordagem radicalmente distinta do tradicional processo de compra.

Para você treinar como começar a ser um vendedor de *insights*, criei uma cartilha com exercícios que vão ajudar a colocar a sua mente no caminho do sucesso. Faça o download pelo endereço: bit.ly/livroQR da cartilha "Venda de Soluções × Venda de *Insights*".

Essa cartilha vai ajudá-lo a construir uma nova forma de vender. Você irá saber a diferença do que atualmente faz para o que precisa realizar para vender mais, superar a sua meta todos os meses. Esse exercício vai ajudá-lo a saber em que tipo de cliente mirar, que informação inicial reunir, quando fazer o contato, como iniciar uma conversa, como direcionar o fluxo de informações, e assim por diante.

Você quer parar de ouvir "não" de seus clientes e se preparar para ser um supervendedor, o vendedor QR? Então, seja bem-vindo à nova era dos vendedores QR!

MUDE A VISÃO DO QUE VOCÊ VENDE

O seu produto não é o fim do processo de vendas. Ele é o meio para você conquistar o seu maior objetivo: o cliente. Em vendas, o mais importante são as pessoas. No entanto, o produto ou serviço que você vende é uma etapa vital desse processo. E o que vamos abordar aqui é tão poderoso que dificilmente você verá o seu produto ou serviço da mesma forma que viu até hoje.

Estamos acostumados a conhecer nossos produtos ressaltando as suas características, salientando suas vantagens tanto para quem vende quanto para quem compra. Não sei quanto a você, mas na época em que eu era corretor, toda vez que estava com um cliente, sempre tentava vender o imóvel mais fácil, aquele que eu provavelmente já conhecia, o que eu dominava e, às vezes, com o melhor honorário e a maior premiação.

Com isso eu me limitava a esse cenário, a essas possibilidades e, como consequência, me limitava também às alternativas para o meu cliente. E eu acabava acreditando que aqueles produtos que eu apresentava eram perfeitos para todos os meus clientes. Esses imóveis eram bons e até poderiam atender o que meus clientes estavam buscando. Além do mais, como as informações que eu tinha eram extremamente relevantes e estavam na ponta da língua, eu realmente acreditava que poderia tentar vender para qualquer cliente.

140 você não vai mais conseguir vender assim

Até que um dia minha "ficha caiu": relevante para quem? Eu não percebia como isso estava afastando os clientes, mesmo tendo excelentes intenções de que os imóveis oferecidos eram bons para eles. Só tinha um problema: o que eu achava que era bom para o cliente não necessariamente o cliente achava que era bom para ele, ou conseguia perceber da forma que eu via.

O que o cliente conseguia perceber era o meu discurso de "corretorzinho", que logo ia falando do encanto dos imóveis, usando a técnica da "empurrometria". E ao contrário do que o cliente estava pensando, a questão que pairava na minha cabeça era "como você não acha que esse imóvel é perfeito?". E mais uma vez eu chamava o cliente de "pescoço", "difícil", louco"...

Tenho certeza de que você, muitas vezes, já deve ter agido como eu durante a venda de um produto. Principalmente porque eu acreditava verdadeiramente que estava ajudando o meu cliente. Ledo engano. O nosso grande problema em vendas é que estamos vendendo produtos com uma porção de características e vantagens para quem está comprando.

Aposto que você deve estar pensando: no final das contas, tudo não se resolve com a venda do produto? Ou a necessidade do cliente não se resolve quando ele encontra o produto que deseja? Sim. Mas quero que você entenda que o mais importante não é o que se vende, mas como se vende. Esse é o "pulo do gato", que aprendi sozinho e que vou ensinar a você. Se você quer ser um vendedor Quebra-Regras, o QR, precisa aprender isso logo.

Já ouviu a seguinte frase: "As pessoas adoram comprar, mas não gostam que alguém venda para elas"? A ideia por trás dessa frase parece confusa, mas o entendimento é poderoso. Para entendê-la, a pergunta que deve ser feita não é o que você irá vender para o seu cliente, mas como você vai vender para o seu cliente. O cliente não compra o produto ou serviço, mas o que o produto pode fazer por ele. Não estamos falando aqui se você vai vender ou não. Estamos discutindo como você irá vender. Percebe a diferença? Se eu sei como vender, então a venda é certa.

Agora você só precisa descobrir como fazer para o seu cliente comprar. E já adianto: não é vendendo para ele. O seu cliente não quer comprar um apartamento com três dormitórios de frente para o mar; ou um iPhone de última geração, com wi-fi, navegador, fone de ouvido. Essas são características que servem para que ele entenda o preço do produto e, muitas vezes, ache que esse monte de coisas só serve para encarecer o produto. Afinal, pode ser que ele não precise de todas essas características que você está expondo com tanta empolgação e isso pode acabar assustando o seu cliente.

Veja bem: ele até pode estar precisando de um produto com essas características, mas sem você entender o que ele deseja, nunca será capaz de fazer o seu cliente comprar de você. Ele deseja muito mais do que um imóvel, por exemplo, ele deseja conforto, paz, menos aborrecimento com a esposa, não aguenta mais pagar aluguel; ou com um iPhone de última geração, quer um aparelho mais rápido, mudar de marca, manter-se fiel às atualizações do aparelho e assim por diante.

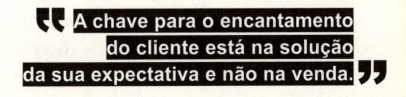

A chave para o encantamento do cliente está na solução da sua expectativa e não na venda.

142   você não vai mais conseguir vender assim

Enfim, quando você trabalha com os desejos do cliente, o seu produto passa a não ter preço, mas sim valor. Você precisa aprender a ver isso: o valor que está por trás dos desejos dos seus clientes, quais são as suas dores e insatisfações que o fazem procurar por aquele produto ou serviço e que o fazem ganhar com aquela aquisição.

Mais para frente, neste livro, você vai aprender a descobrir os desejos do cliente escondidos por trás de uma compra por meio de perguntas investigativas. Afinal, uma coisa é o que o seu cliente lhe pede: isso é uma demanda. Outra é o que ele deseja: essa é a segunda verdade, o que está por trás do que o cliente diz que quer. É o que esse produto irá fazer na vida dele, quais as dores que o produto irá resolver e, o mais importante, o que ele ganha com essa compra.

Você, vendedor QR, precisa urgentemente descobrir por que seu cliente está comprando, qual a dor que ele está trazendo que você não está conseguindo enxergar. Mas preste atenção: dor não significa problema e sim qual a necessidade que o seu cliente tem que precisa pedir ajuda a você para resolver. Para enxergar essa dor, você precisa deixar de vender para o seu cliente poder comprar. Você consegue fazer isso?

Para deixar o seu cliente comprar será preciso que você tome um novo posicionamento na sua carreira. Você deverá sair da sua zona de conforto, quebrar regras e estabelecer uma nova forma de relacionamento com o seu cliente. Conhecer o seu produto do jeito certo significa enxergar o produto na perspectiva do seu cliente. É entender, para além das necessidades do cliente, o seu desejo, sua vontade de comprar, que será materializada no produto que você vende, que atende a dor do seu cliente.

Mas para isso você precisa estabelecer uma conexão forte com o seu cliente, gerar empatia, que é bem diferente de simpatia, em que você precisa ser agradável, dar uma solução ou tirar o cliente do problema dele, com uma sugestão que sempre se resume em um produto ou serviço "que acabe com o sofrimento", afinal, é tudo o que ele veio buscar. Correto?

Não.

Vou dar um exemplo de simpatia e empatia dentro do mercado imobiliário: para quem vai financiar (ou seja, o cliente), o pagamento das parcelas pode até caber no bolso, mas ele precisa se sentir confortável para pagar essas prestações. Já vi muito corretor tentando empurrar e fazer o cliente aceitar que aquele valor é fácil de ser pago. Ele não se coloca no lugar do cliente, não entende o que é confortável para ele naquele momento e acaba perdendo a venda.

Isso é ter empatia: é a habilidade de entender e reconhecer a perspectiva do cliente através de seu processo de compra. É não julgar os motivos e necessidades, muito menos suas limitações. Nem suas possibilidades. Empatia gera conexão com o cliente e abre uma porta para uma comunicação emocional entre você, o ato de vender e o seu cliente.

Você só consegue vender para o seu cliente se ele entender que você se conecta às necessidades e aos desejos dele. Se você se importa ou se preocupa com o mesmo que ele. Somente depois de gerar empatia é que você irá ajudá-lo a fazer a melhor escolha. A melhor escolha, contudo, é a do cliente. A você cabe apenas gerar *insights* para que ele decida comprar este ou aquele produto.

Sei que você deve estar pensando: "Ah, isso tudo é muito bonito, mas não conheço ninguém que tenha aplicado uma técnica como essa

144 você não vai mais conseguir vender assim

e tenha dado certo". Mas depois do exemplo que vou lhe contar, que aconteceu comigo, tenho certeza de que você vai romper agora com essa crença limitante. Na minha época de corretor, atendi um casal que estava procurando um apartamento maior. Eles tinham um filho que usava cadeira de rodas.

Sabemos que no Brasil pessoas com dificuldade de mobilidade não são prioridade na hora de se pensar em um projeto de moradia, embora isso esteja mudando aos poucos. Mas ainda hoje, por mais que tenhamos leis que reforcem a necessidade de acessibilidade, sabemos que muitas vezes aspectos necessários a essas pessoas são negligenciados e apenas o básico é feito. Na prática, ainda é um desafio encontrar um imóvel totalmente adaptado para pessoas com deficiência. Geralmente essas adaptações são iguais para todos os imóveis, não mudam muito.

E esse casal já tinha visto muitos imóveis e tinham uma noção de preço em mente. Então, pensei: "Qual será o meu diferencial?". A verdade é que nunca tinha prestado atenção a esse tipo de realidade. Mas eu, como vendedor Quebra-Regras, tinha mais um desafio pela frente: ser o corretor desse casal, entendendo a sua dor, a necessidade de tornar a vida deles mais fácil (e não a minha). Comecei a procurar imóveis que fossem diferenciados quanto à estrutura de acessibilidade.

Depois de uma longa jornada de busca, consegui encontrar três imóveis que realmente estavam com condições diferenciadas para esse tipo de desejo dos clientes, embora um pouco fora do que estavam pretendendo pagar. Sem preconceitos, sem medo de causar qualquer desconforto e sem tratar meu cliente como "coitadinho", eu apresentava esses benefícios com muita naturalidade. E o casal percebeu a minha real preocupação com eles para apresentar o imóvel mais confortável e seguro para o filho deles. Eu estava buscando a melhor opção para o meu cliente.

Com certeza, posso dizer que me coloquei no lugar deles, que perceberam isso. No final, o casal escolheu uma das três opções que eu havia indicado sem negociar preço, pois eu havia encontrado o que eles desejavam. Consegui gerar valor no meu atendimento por meio do modo como os atendi.

Chamo isso de olhar diferente e inovar, de ser criativo. Isso é quebrar as regras. Pois se eu ficasse preso apenas às informações do imóvel, não teria conseguido enxergar o que precisava aprender para entender esse cliente em específico. Esse é apenas um exemplo. Se deu certo comigo, vai dar certo com você também.

E vamos em frente, rumo ao crescimento de suas vendas!

Com este capítulo, conquistamos mais um planeta do seu universo, que você vai dar o nome de: _____

Agora, vamos rever os pontos principais do que lemos aqui:
- ► Cliente não quer mais comprar produtos ou soluções, ele quer comprar *insights*.
- ► O vendedor QR tem como principal objetivo tornar-se indispensável, surpreender o cliente, provocá-lo para algo que nem mesmo ele sabe que deseja.
- ► Reduza o trabalho do seu cliente não mais vendendo para ele, mas sim ensinando-o a comprar.

146 você não vai mais conseguir vender assim

▶ Estratégias básicas para venda de *insights*:

↷ Evite a "demanda estabelecida".

↷ Busque clientes mobilizadores.

↷ Mostre como comprar.

▶ O seu produto não é o fim do processo de vendas. Ele é o meio para você conquistar o seu maior objetivo: o cliente.

▶ O mais importante não é o que se vende, mas como se vende.

▶ "As pessoas adoram comprar, mas não gostam que alguém venda para elas".

▶ Quando você trabalha com os desejos do cliente, o seu produto passa a não ter preço, mas sim valor.

▶ Crie empatia com o seu cliente. Coloque-se no lugar dele e entenda as suas "dores".

desconstrua mitos: aprenda a lidar com seus clientes

capítulo 10

Vamos falar agora de um assunto de extrema importância e que é vital para as suas vendas: o cliente. Neste capítulo, vamos descobrir e desconstruir alguns mitos bastante comuns relacionados ao cliente que já se tornaram parte do dia a dia de muitos vendedores. E para que você se torne um vendedor Quebra-Regras, é preciso deixar tudo isso para trás e reaprender a ver o seu cliente com outros olhos, o de quem vai superar suas metas de venda mês a mês.

Para começar, vamos falar do mito mais comum: "Esses clientes são todos iguais! Um bando de maluco que só serve para queimar a minha vez. Me fazem perder tempo e acabam não comprando nada". No entanto, por mais que alguns clientes apresentem características parecidas ou procurem por produtos que tenham perfis semelhantes, é preciso entender que cada atendimento é único e que as expectativas e necessidades de cada pessoa são muito particulares.

Já falamos anteriormente que é um erro tentar incluir os clientes em uma mesma categoria, pois isso faz com que os atendimentos se tornem cada vez mais padronizados, não se considerando as motivações de cada cliente individualmente. A consequência disso é uma maior resistência para o fechamento do negócio, pois o cliente não sente segurança para consolidar a compra, uma vez que a impressão que tem é de que a necessidade dele não foi compreendida, por isso não irá resolver o problema que tem, logo, não fecha o negócio. Portanto, os clientes não são iguais e o seu atendimento não pode ser a mesma coisa para todos.

Outro mito que precisa ser desconstruído é reclamar sobre o mercado. Este, para mim, é um dos piores mitos. Ele nos coloca numa perigosa posição de acomodação, pois se partimos do pressuposto de que o "mercado está ruim" nada que o vendedor faça será suficiente para melhorar a situação. E assim corre-se o risco de o profissional cair numa grande armadilha da passividade.

Tenho uma convicção: O mercado vai estar sempre ruim para os vendedores ruins. Quer um mercado bom? Seja um bom vendedor. Preços oscilam, alguns produtos demoram um pouco mais para esgotar, nem sempre o seu cliente vai conseguir fechar o pagamento no momento exato em que você quer fechar a venda. Imprevistos acontecem e o seu cliente que está prestes a assinar o contrato pode precisar cancelar a compra. Essas e uma série de outras possibilidades são movimentos naturais do mercado e das negociações. Acostume-se a isso.

Porém, se o cliente vai até você, se há o interesse de compra, se o seu colega do lado ou até de outra empresa está vendendo, se você através do trabalho de prospecção consegue atrair um cliente, são alguns sinais de que esse mito não é tão absoluto assim e é bem provável que o problema da não consolidação dos seus objetivos não esteja simplesmente no mercado, e sim em você. Não caia na tentação de culpar o cliente ou o mercado por não conquistar seus sonhos. Assuma a responsabilidade de aprimorar a sua carreira.

150   você não vai mais conseguir vender assim

„ Não existe cliente difícil. O que existe é vendedor sem estratégia. „

Indecisos, arrogantes, exigentes ao extremo, mal-educados, desagradáveis, chatos, estressados, apressados acham que têm sempre a razão (mesmo não tendo), prepotentes, cheios de objeções, mal-humorados. Sim, você vai encontrar com clientes assim pelo seu caminho, os chamados clientes difíceis, aqueles que você vai acabar julgando como um caso perdido e que vão fazer você se questionar: "O que estou fazendo aqui?", "Por que escolhi esta profissão?".

Inevitavelmente você vai lidar com o cliente considerado difícil. Será tentado a desistir dele, a desistir dessa possibilidade real de um novo negócio, seja para evitar o estresse, um problema ou até por não estar preparado para atender um cliente com esse perfil. Os vendedores comuns certamente abririam mão desse cliente, mas o vendedor Quebra-Regras não. Afinal, nos dias de hoje é pouco provável que alguém procure um vendedor se não houver uma intenção genuína de negociação. Ninguém tem mais tempo a perder.

É por isso que neste percurso é importante perceber que os clientes não nascem difíceis. Na maioria dos casos, seus comportamentos são reflexos de experiências de atendimentos ruins, seja no mercado imobiliário ou não. Isso acontece porque ele possivelmente já passou por diversos tipos de vendedores que não tinham um conhecimento desejado sobre o produto que trabalhavam, não tinham habilidade para a venda. Ou ainda porque nesses diferentes relacionamentos, os clientes difíceis lidaram com vendedores que não demonstraram um real interesse em fazer um atendimento diferenciado, colocando todos os diferentes clientes dentro de um mesmo pacote e com isso oferecendo atendimento robotizado, medíocre.

Não leve as coisas para o lado pessoal. Quando nos relacionamos com um cliente reativo, a tendência é que as nossas emoções também estejam mais intensas, pois as emoções do cliente estão igualmente mais intensas. Por isso, é importante entender que a insatisfação, a resistência ou até determinada agressividade do cliente não é direcionada para o vendedor, não é pessoal, pois o cliente não sai de casa com o pensamento de atormentar a sua vida.

A resistência, a objeção ou a impaciência do cliente, muitas vezes é fruto de ranços que ele tem com a figura do vendedor, que no momento do atendimento está representada pelo corretor de imóveis, em função de más experiências em atendimentos passados. Entender essa relação é uma forma efetiva de você manter as suas emoções equilibradas para assim ter condições de equilibrar também as emoções do cliente do reativo.

> **Objeções são dúvidas não respondidas. Descobrir quais dúvidas são essas é a certeza da venda.**

Esteja preparado. Encontrar um vendedor expert, que esteja apto a esclarecer todas as suas dúvidas prontamente e sem titubear: Esta é a expectativa do cliente durante um atendimento. Portanto, não há coisa mais frustrante para o cliente do que lidar com um vendedor indeciso, que não responde aos questionamentos com precisão, que sempre precisa recorrer ao gerente ou a outro vendedor para encontrar respostas, que confunde

152   você não vai mais conseguir vender assim

informações, que fica preso exclusivamente ao manual, não sabe detalhes sobre o produto ou serviço, entre outras situações.

Não prometa o que não pode cumprir. Na ansiedade em fechar o negócio a qualquer custo, já vi muitos profissionais fazerem promessas que jamais seriam capazes de cumprir. E se essa atitude já é prejudicial em um atendimento a um cliente "comum", imagine o impacto que ela gera com um cliente reativo.

O produto tem um preço, sua palavra não. Portanto, jamais prometa o que você não pode cumprir. Não se deixe dominar pela pressa, pelo desejo de se "livrar" do cliente reativo mais rapidamente ou pela urgência em fechar uma venda. Sua credibilidade é seu maior patrimônio, cuide bem dela.

O "cliente pescoço" é uma expressão muito comum entre vendedores e é usada para se referir àquela famosa frase "só vim dá uma olhadinha". O desafio para o vendedor QR é compreender que o cliente considerado "pescoço" pode ser a concretização da sua próxima venda. Motivar-se a entendê-lo e com ele construir um relacionamento são atitudes vitais para êxito do seu negócio.

Isso faz mais sentido quando comparamos as nossas próprias atitudes como cliente. Ao andar pelas ruas, frequentemente somos atraídos por algo que nos interessa e quando resolvemos parar, por exemplo, em uma esquina é porque algo ali nos chamou a atenção e ativou o nosso desejo de compra.

Se o vendedor se contenta apenas com o "dar uma olhadinha" ou "só quero saber o preço" e não amplia o seu olhar sobre o cliente "pescoço" considerará eternamente esse perfil de atendimento como um desperdício de tempo e não como uma possibilidade real de conversão de uma nova venda, que pode até não ser realizada imediatamente, mas num futuro próximo. Tudo vai depender do comportamento do vendedor.

O PERFIL DO VENDEDOR QR

Lembre-se, os primeiros minutos com o seu cliente são vitais para a venda. A sua abordagem deve ser como em uma dança em que precisa estar em harmonia com o seu cliente, na qual ambos devem seguir o mesmo ritmo. Domine a dança (a venda) desde o início e defina qual música será coreografada. Se bem conduzido, o seu cliente irá acompanhá-lo sem "pisar no seu pé". E para entrar no ritmo dessa negociação Quebra-Regras, alguns passos são necessários.

Venda é um diálogo e não um monólogo.

Pareça-se com um vendedor Quebra-Regras. Cuide da sua aparência, cause uma boa primeira impressão sempre, não só com a sua atitude, mas também com a maneira como você se apresenta. Cabelos alinhados, sapato limpo e bem conservado e um sorriso no rosto fazem toda a diferença. Além disso, colônia, perfumes, maquiagem e joias não são proibidos, mas esses itens não podem chamar mais a atenção do que o seu desempenho.

Aja como um vendedor Quebra-Regras. Seja positivo, amigável, cortês, educado e interessado. Quando estiver com o cliente, dedique-se inteiramente a ele, evite atender ao celular, ler mensagens ou dar atenção para qualquer outra coisa que não seja o seu cliente, a não ser que seja urgente e extremamente necessário. E se precisar dar atenção a alguma coisa que não seja o seu cliente, posicione-o sobre isso e certifique-se de que ele entendeu a sua urgência e irá aguardar seu retorno.

Pense como um vendedor Quebra-Regras. Não será fácil apresentar um produto ou serviço se você não estiver convencido da sua qualidade e da sua capacidade de vendê-lo. Portanto, antes de vender um produto ou serviço para um cliente, venda-o para si mesmo.

Tenha uma abordagem de um vendedor Quebra-Regras. Atualize seu método de saudação inicial. Substitua o "Posso ajudar?" pelo "Seja bem-vindo!". Esta tática é matadora. Pela minha experiência, cerca de 90% dos meus clientes diziam "não" ou ficavam retraídos quando a minha abordagem iniciava com o "Posso ajudar?". No entanto, ao desejar primeiramente as boas-vindas e em seguida me apresentar, eu recebia de volta o sorriso do cliente e essa era a resposta que precisava para iniciar um diálogo mais eficiente. Ainda nos contatos iniciais, evite estender a mão para o seu cliente, a não ser que ele o cumprimente com esse movimento primeiro. E caso o cliente tome a iniciativa, o seu aperto de mão deve ser firme.

Crie um relacionamento Quebra-Regras. Crie um relacionamento baseado em harmonia e confiança mútua, uma vez que 80% das pessoas dizem que compram porque gostaram ou confiaram e respeitaram o vendedor. Este é o valor que uma experiência positiva agrega em seus atendimentos. Investigue gostos em comum relacionados a trabalho, lazer, animais, famílias, esporte, restaurante favorito. A maioria das pessoas adora conversar. Faça um amigo, pergunte, controle a conversa.

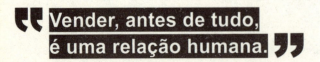

> Vender, antes de tudo, é uma relação humana.

Faça uma investigação Quebra-Regras. A investigação é um passo vital para identificar as reais necessidades e demandas do seu cliente. É através deste processo que você conseguirá construir os argumentos para realizar uma boa apresentação. A sua investigação deve conduzi-lo a pistas que lhe ajudem a construir valor para o seu cliente. Quanto mais você souber sobre o cliente, mais fácil será para fechar a venda.

Desse modo, você cria relacionamento e investiga ao mesmo tempo. No entanto, você não está em um Tribunal fazendo um interrogatório, não se trata de uma inquisição de perguntas e respostas. Tudo deve fluir em uma conversa, um diálogo interativo, em que o corretor e o cliente participam. Neste sentido esteja alerta a tudo o que seu cliente disser, não só com palavras, mas também com atitudes. Assista ao que ele está fazendo, converta o que ele está dizendo verbalmente e não verbalmente em argumentos de venda.

Chegamos ao final de mais um capítulo e você acabou de conquistar um novo planeta do seu universo.

Qual nome dará a ele? _____

Vamos revisar agora tudo o que falamos de mais importante aqui:

▶ Clientes não são todos iguais. Entenda que cada atendimento é único e as expectativas e necessidades são particulares de pessoa para pessoa.

▶ Pare de reclamar do mercado, pois este só estará ruim para vendedores ruins.

▶ Assuma a responsabilidade de aprimorar a sua carreira.

156 você não vai mais conseguir vender assim

▶ Não existe cliente difícil e sim pessoas que já passaram por experiências ruins de vendas.

▶ Não leve as coisas para o lado pessoal diante da rejeição ou indecisão de um cliente.

▶ Esteja preparado, saiba esclarecer todas as dúvidas do seu cliente.

▶ Não prometa o que não pode cumprir.

▶ O "cliente pescoço" pode se tornar uma venda. Não desista dele.

▶ Os primeiros minutos com o seu cliente são vitais para a venda. Aborde-o com harmonia.

▶ Procure parecer com um vendedor Quebra-Regras, cuide de sua aparência.

▶ Seja positivo, amigável, cortês, educado e interessado quando estiver com o cliente. Ele é a prioridade.

▶ Antes de vender um produto ou serviço para um cliente, venda-o para si mesmo.

▶ Atualize seu método de saudação inicial. Substitua o "Posso ajudar?" pelo "Seja bem-vindo!".

▶ Crie um relacionamento baseado em harmonia e confiança mútua.

▶ Investigue o que está por trás da compra do seu cliente.

estratégia de vendas: saiba diferenciar os três tipos de clientes

capítulo 11

magine que você está agora em um atendimento e encontre dificuldades de se comunicar com o seu cliente. Você tem uma série de informações que precisa passar, mas não consegue, pois seu cliente está com pressa. Só quer saber o preço, ou não o deixa falar. Interrompe você o tempo todo, ou pior, seu cliente parece não entender nada do que você fala. Nesta hora, você já perdeu a paciência. Já xingou mentalmente o seu cliente de louco e só consegue enxergar um resultado: mais uma venda perdida.

Mas não se desespere, pois, neste capítulo, vamos aprender que existem três tipos de clientes: o visual, o auditivo e o sinestésico, e cada um possui formas diferentes de se abordar para chegar à decisão de compra. Prestando atenção às dicas que vou repassar, você terá muito mais resultados e menos objeções. Vender será bem mais fácil. Tudo o que vou ensinar aqui deu certo comigo e vou lhe mostrar como fazer certo para funcionar com você também.

Mas antes de dominar o seu cliente, você precisa aprender a dominar a si mesmo, a sua comunicação, a forma como você interage e constrói os relacionamentos com as pessoas, de ser capaz de se fazer entendido. Afinal, comunicar é persuadir. É levar o outro a fazer o que você quer por meio das suas palavras, isto é, da sua influência. As pessoas que dominam a si mesmas são mais dominadoras, pois conseguem enxergar, antecipadamente, o impacto que a sua forma de comunicar tem nas pessoas. Em outras palavras, os vendedores que têm o domínio de si dominam os seus clientes e vendem muito mais.

> **Vende mais quem melhor se relaciona, porque venda é isso: relacionamento.**

Anthony Robbins é um estrategista, escritor e palestrante motivacional norte-americano e um dos responsáveis pela popularização da Programação Neurolinguística (PNL). Segundo Robbins, "para nos comunicarmos efetivamente, devemos compreender que somos todos diferentes na maneira como vemos o mundo e usar esse entendimento como guia para nossa comunicação com os outros". Ou seja, o modo de comunicação de seu cliente, é a linguagem com a qual ele pensa, compreende e toma decisões. Portanto, quanto mais rápido você conseguir diagnosticar o modo de se comunicar do seu cliente, mais rápido você irá falar a "língua" dele.

Sabe o que isso significa? Ser compreendido. E quanto mais compreendido você for, mais facilmente consegue a atenção do seu cliente e, consequentemente, uma decisão de compra. Uma vez que você dominar os canais de comunicação dos seus clientes, mais facilmente conseguirá adaptar a sua fala e a sua apresentação da maneira mais eficiente possível.

Mas observe bem, não estamos falando de manipulação, e sim de entrar em sintonia, em estabelecer relações harmônicas com os clientes, para que todo o processo de vendas se torne mais rápido, com menos objeções e mais vendas. Afinal, quem nunca sonhou em ser capaz de ter mais influência sobre o cliente?

Segundo Robbins é preciso trabalhar com o conceito de harmonia, a nossa habilidade de entrar no mundo de alguém e fazer essa pessoa se sentir como você se sente e entender como você entende e, assim, criar um forte vínculo em comum. É a essência de uma comunicação bem-sucedida. É a forma de entrarmos no mundo do outro e sermos bem aceitos.

Nem é preciso dizer que, para ser um bom vendedor, você precisa entrar em harmonia com o seu cliente. E uma das técnicas mais rápidas defendida por Robbins é saber não apenas o seu canal de comunicação, como também diagnosticar o do seu cliente. Somente assim você irá trabalhar para entrar em harmonia com ele.

As pessoas iguais tendem a gostar muito mais umas das outras. É por isso que ter semelhança com os seus clientes torna a relação mais fácil e fluida, fazendo com que você consiga ter mais poder de persuasão sobre ele e com mais rapidez. Exatamente isso: você será capaz de influenciar o seu cliente com muito mais assertividade sintonizando o canal de comunicação dele.

❝ Venda é troca de emoção. ❞

Antes, vamos realizar um teste no qual você vai descobrir primeiro o seu perfil de comunicação e depois iremos aprender a identificar o perfil dos seus clientes. Para fazer este exercício, você precisa baixar o arquivo no seguinte endereço bit.ly/livroQR e responder a todas as perguntas.

Com todas as respostas dadas, você irá saber qual o canal de comunicação que predomina mais, ou seja, com qual dos três tipos de clientes você tem mais afinidade ao seu comunicar, e com as dicas que vamos falar logo em seguida você saberá como trabalhar com os demais perfis de fora assertiva, rumo à decisão de compra do seu cliente.

PERFIL VISUAL

O cliente liga, mas não vai até o escritório, ele diz que nunca tem tempo. Mas também tem aquele que é muito objetivo, que vai direto ao ponto e muitas vezes nem deixa você falar. Você chega até a confundir essa objetividade com falta de educação. E tem a situação mais complicada de todas, que é o cliente que, antes de iniciar a conversa, já quer saber o preço do produto ou serviço.

A dúvida nessa hora é inevitável, pois se você disser o preço, não vai poder mostrar o seu diferencial e será apenas um "folder que fala". Todo o seu treino para causar uma impressão impactante e gerar valor para o cliente irá por água abaixo. E se você não disser o preço e tentar levar o cliente para uma conversa e apresentação do produto, corre o risco de nunca mais ver esse cliente.

Aposto que, como eu, você taxou esse cliente de "pescoço". Dá uma sensação de perda de tempo, uma raiva, pois já passei por isso. Foram anos de erros e acertos, com estudos e práticas que agora você irá aprender aqui, neste livro. Para começar, iremos entender o perfil de clientes que têm a **visão** como o seu principal canal de comunicação.

Os clientes visuais são pessoas que transformam quase tudo o que ouvem em "fotografias mentais". Eles gostam de imagens e dão muita importância aos aspectos visuais. Valorizam a personalização, a customização do atendimento, a estética, a beleza e a exclusividade. Irritam-se quando têm que esperar e costumam se precipitar. Podem, muitas vezes, não deixar você

162 você não vai mais conseguir vender assim

terminar o que está falando. Costumam interromper durante a sua explicação, deixando transparecer pouco interesse em você ou no que está dizendo, e por isso, você tende a classificá-lo como grosseiro e mal-educado.

Normalmente é uma pessoa impaciente e ansiosa, fala rápido e não é boa ouvinte. E se incomoda muito com pessoas de ritmo lento. Esse perfil de cliente vai ficar muito irritado se tiver de explicar a mesma coisa duas vezes. Ele normalmente não tem tempo, mas faz várias coisas no mesmo instante.

Mas veja: ele não tem tempo para as coisas que não são do interesse dele naquele momento. E aí, sempre virá a arte de dar uma desculpa de que está muito ocupado. Ele pode estar realmente muito ocupado ou simplesmente não querer comprar com você por algum motivo que o desagradou, e muito provavelmente porque você não entendeu sua forma de funcionamento.

Conhece alguém assim? Já atendeu algum cliente com esse tipo de comportamento?

Algumas frases podem lhe ajudar a reconhecer o cliente com o perfil visual:

- Eu não vejo o que você quer.
- Eu não consigo imaginar o que você está tentando explicar.
- Eu não tinha imaginado dessa forma.
- Eu não tinha pensado sob esse ângulo.
- Eu posso ver (imaginar) esse ponto de vista.
- Essa é a minha perspectiva do assunto.
- Eu tenho uma vaga ideia do que querem dizer.
- Você consegue visualizar o que eu estou querendo/buscando?
- Eu consigo mentalizar o que você quer me dizer.
- Para mim, isso parece que…

Se está atendendo a um cliente predominantemente visual, você precisa saber que as primeiras impressões são as que marcam mais, até mesmo a sua aparência e a organização que demonstra em seu trabalho. Na dúvida, esteja sempre pronto, pois você pode não ter uma segunda chance com esse tipo de cliente.

Clientes visuais gostam de analisar diagramas, fôlderes, fotos, vídeos ou qualquer tipo de material visual. Tendem a olhar o todo e não os detalhes. Mas isso não significa que você não deva saber os detalhes. Tenha toda as respostas na ponta da língua. Caso ele pergunte sobre alguma particularidade do produto, você o ganhará ao responder prontamente. E atenção ao responder a esse cliente, pois você deve ser sucinto e direto ao ponto, ou até mais rápido, se não quiser perder mais nenhuma venda para um cliente com este canal de comunicação.

Outra estratégia importante e que funciona muito bem com o cliente visual é utilizar as frases e as palavras dele para tentar explicar ou introduzir algum assunto que precise. Um exemplo: quando ele disser "Eu não tinha imaginado isso", você poderá responder, "Vejo que você não tinha imaginado desta forma, por isso posso apresentar as outras funcionalidades deste produto que o atendem". Ganhe seu cliente falando a língua dele e faça com que tome a decisão.

Se você perceber que está diante de um cliente visual e ele lhe fizer alguma pergunta, incluindo preço, responda. Ele só irá prosseguir na conversa se você conseguir resolver a dor dele imediatamente. Você deve dar o preço e perguntar em seguida: "Tem algum outro ponto importante que você queira saber?".

E se ele quiser ir embora? Não o impeça. Apenas diga que gostaria de ajudá-lo a escolher o produto que o interessa e pergunte se tem alguma coisa que ele gostaria de imediato para ajudá-lo. Se ele for embora, mas tiver gostado de você, criado uma empatia com você, pode ficar tranquilo que esse cliente vai voltar. E se continuar com você e responder o que deseja que você faça por ele, trate de atendê-lo prontamente. Considere este o trabalho da sua vida. Você irá surpreendê-lo e conquistará a venda.

Em outra situação, imagine apresentar um produto para o seu cliente com perfil predominantemente visual. Já falamos aqui que ele aprecia beleza, exclusividade e uma boa estética. Por isso, uma das suas possíveis abordagens pode ser falar da exclusividade do produto, do acabamento, da qualidade do material usado para aquele produto, do perfil de quem está por trás de determinado serviço e assim por diante. Fale de elegância, sofisticação, exclusividade. Priorize o que é importante para ele. Ajude o seu cliente a tomar a decisão de comprar. O cliente visual não vai esperar o seu ritmo, portanto diagnostique-o rápido, caso contrário você pode perder a venda.

E atenção! Seja seguro ao dar as informações. Se não souber, diga que vai buscar a informação para ele. E busque! Lembre-se de que uma das lições que aprendemos no capítulo anterior sobre ser um vendedor Quebra-Regras é justamente essa: não prometer nada que não vai cumprir. Gere valor para ele, assim ele o ouvirá. Fale sobre assuntos que são do interesse dele. E não seja detalhista, mas saiba de todos os detalhes que ele vai perguntar.

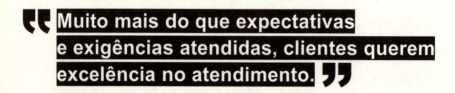

> **Muito mais do que expectativas e exigências atendidas, clientes querem excelência no atendimento.**

Outra dica é perguntar ao seu cliente quanto tempo ele tem disponível para você. Se não for o tempo que você, vendedor, consiga fazer uma apresentação, deixe isso claro e permita que o cliente escolha o que é mais importante para ele. Se você o convencer, ele lhe dará mais tempo. Durante esse tempo, você tem de torná-lo único. Não atenda mais ninguém. Esqueça se o seu telefone tocar. Ele faz mil coisas ao mesmo tempo, mas você, vendedor, não pode fazer isso com ele. Ele irá exigir atendimento *premium*. Aceite críticas, reclamações, transforme-as em *insights* e venda para ele.

Essas são algumas das dicas que você pode usar com esse tipo de cliente, mas não são as únicas formas de lidar com esse perfil. Portanto, cabe a você, Vendedor QR, buscar novas formas assertivas de tratar corretamente esse cliente e levar à venda. Afinal, as pessoas podem até dominar os mesmos canais de comunicação, mas você tem de lembrar que cada pessoa é diferente e precisa ser atendida de acordo com as suas particularidades.

O PERFIL AUDITIVO

Vamos agora falar de um perfil que pode facilmente confundir suas certezas e que lhe faria ficar horas pensando: "Onde foi que eu errei?". Estes são os clientes que têm a **audição** como canal de comunicação dominante.

Sabe aquele cliente que o deixa falar à vontade, abre espaço para você colocar em prática todo o seu treinamento, normalmente é calmo, presta atenção em tudo o que você diz, e muitas vezes anota todos os detalhes da conversa? Nesse atendimento você chega até a pensar: "Venda fechada!". Afinal, esse perfil de cliente o está ouvindo, logo ele deve estar gostando de tudo o que você está falando.

166 você não vai mais conseguir vender assim

Na ilusão de que está agradando, você continua falando, falando, falando...

Esse cliente fica de ligar para você ou de voltar à loja, mas nunca lhe dá o retorno. Você faz uma pergunta e ele leva alguns segundos para responder. E esse tempo parece uma eternidade para você. A calma do seu cliente chega a irritar, porque você quer que ele se decida imediatamente para a compra.

" Não seja comercial, seja humano. "

As pessoas que possuem a predominância da audição como canal de comunicação preferem muito mais ouvir do que falar e dão muito mais importância aos sons e barulhos dos ambientes. Elas apreciam as relações individualizadas e têm dificuldades em se relacionar com muitas pessoas ao mesmo tempo. Por isso, podem ser vistas como pessoas reservadas. Por vezes, podem até passar a impressão de serem frias e calculistas, pois não expressam facilmente os seus sentimentos. Em geral, este é um tipo de cliente que evita ser o centro das atenções. Compartilha informações com pouca gente e se incomoda com pessoas agressivas.

Na maior parte do tempo, os clientes auditivos costumam ser muito detalhistas, valorizam a precisão, a exatidão. Mas não se confunda: ele valoriza os detalhes do que está interessado e não um monte de informações desconexas, sem sentido. Gostam de pensar bastante antes de dar uma resposta e registram as coisas por escrito. E até por isso eles valorizam as instruções escritas.

Esses clientes também tendem a ser mais seletivos com relação às palavras que usam. As palavras significam muito para os auditivos. Por isso, eles são muito cuidadosos ao usá-las. A fala é mais modulada, o tempo, equilibrado e a voz tende a ter uma tonalidade nítida e ressoante.

As pessoas auditivas tendem a usar algumas dessas expressões:

- Isso soa bem para mim.
- Eu ouvi o que estava dizendo.
- Isso soa caro.
- Não tinha escutado falar isso.
- Nunca ouvi nada parecido.
- Isso não soa familiar.
- Eu escuto o que está falando.
- Eu não diria isso.
- Isso é música para meus ouvidos.
- Entendi em alto e bom tom.
- Descreva a situação.
- Isso soa como algo que vai ser fácil aprender a fazer.

Se você está atendendo um cliente com a audição como canal de predominante de comunicação é preciso saber que ele irá prestar atenção ao que você irá falar e guardará todos os detalhes. Cuidado com o que você diz, porque se depois você não lembrar pode cair em descrédito pelo cliente. Esse perfil é um bom ouvinte e pode ser que ele até continue lhe dando a impressão que está escutando por educação, mesmo já de "saco cheio" de você. Principalmente se você estiver fora de sintonia com o seu estilo de comunicação.

Mas veja, não estou dizendo que isso seja educação da pessoa, ou que ele seja um monge zen, aquele que tem toda a paciência do mundo. Normalmente, por ser um perfil mais ponderado, na maioria das vezes,

168 **você não vai mais conseguir vender assim**

é mais educado ao cortar sua fala, embora você possa encontrar perfis auditivos com tolerância zero. Lembre que as pessoas do mesmo estilo não são iguais.

Como você venderia para este cliente?

Bom, para começar, ao atender um cliente com o perfil auditivo, é particularmente importante que você imite o seu ritmo, o tom e a frequência em que ele está. E ainda ser bem preciso nas palavras que escolhe. Evite fazer apresentações em lugares barulhentos, onde os clientes serão provavelmente distraídos pelos sons.

Quando seu cliente auditivo fizer uma pergunta ou declaração usando palavras auditivas, como vimos anteriormente, responda com as mesmas palavras que ele usou e que corresponde ao modo dele de comunicação. Essa técnica funciona muito bem com todo tipo de cliente, pois você está falando no ritmo dele. Por exemplo: Se o seu cliente lhe dissesse "Isso não soa bem para mim", você poderia responder "Eu entendo que o que lhe apresentei deve não soar bem para o senhor em um primeiro momento. Mas deixe eu explicar melhor, para que talvez possa ter outra impressão".

Outra dica: se você usar panfletos ou imagens para o perfil auditivo, ele provavelmente não se mostrará muito interessado. Certifique-se de que você dará ao seu cliente toda a explicação necessária do material que acabou de lhe entregar. Uma pessoa auditiva precisa escutar também as informações em palavras e não somente por imagens. Então, fale para ela o que está lhe mostrando.

Outro ponto importante é dar tempo para o seu cliente assimilar o que você fala. Ele pode, em primeiro momento, parecer lento, mas demora, normalmente, mais tempo que o visual ou até o sinestésico para ter uma reação, pois geralmente são mais analíticos. Saiba responder às suas perguntas técnicas. Disso dependerá a sua venda.

Esse tipo de cliente adora fazer aquelas perguntas de nota de rodapé de manual de instrução. Perguntas detalhadas que quase ninguém faz. E já vou adiantando: se você souber responder a essas perguntas, irá ganhar o coração desse cliente, dando mais credibilidade e segurança para o seu atendimento.

Como disse antes, os clientes auditivos dão muita importância aos sons. Eles gostam de ouvir o que você diz. Mas alguns barulhos são extremamente incômodos e eles querem distância disso. Por isso, dependendo do produto que você estiver apresentando, ressalte as características voltadas para o som, que sejam positivas para esse perfil. Além disso, trabalhe com precisão. Evite dizer informações incompletas. Lembre-se, seu cliente valoriza a exatidão.

Dê tempo a ele para pensar o fechamento da venda. Mas tenha certeza de que ele não tem nenhuma dúvida. Assim, pode tomar a decisão com a precisão de que gosta. Se você, vendedor QR, souber respeitar o *timing* do cliente auditivo, venderá para ele sem complicação nenhuma.

PERFIL SINESTÉSICO

Agora vamos falar de um tipo de cliente que normalmente a gente adora. Ou melhor, adora até o momento em que ele passa a enrolá-lo e empurrá-lo com a barriga para se esquivar da compra. Daí o enredo muda completamente.

Brincadeiras à parte, quem não gosta de se relacionar com um cliente gente boa, aquele que tem assunto para tudo, adora uma boa conversa e tem sempre uma boa história para contar? Você às vezes até esquece que ele é um cliente e se torna amigo dele. Acha que está dando tudo certo

170 **você não vai mais conseguir vender assim**

e irão logo para o fechamento. Afinal, esse cliente está demonstrando empolgação nos produtos que você está apresentando.

Porém, você nunca consegue realizar uma conversa objetiva, pois o cliente sempre emenda uma história na outra e conta tudo da vida dele para você. Este cliente adora ser convidado para o almoço, um cafezinho e, se bobear, toma até o lanche da tarde com você. Exageros à parte, você fica até na dúvida se é um vendedor ou um psicólogo. Chegar ao fechamento da negociação é uma tarefa longa e você nunca tem certeza da resposta do seu cliente. Muitas vezes a sensação é de que você nadou muito, mas morreu na praia.

Já atendeu um cliente assim? Pois esse é o cliente com a **sinestesia** como canal de comunicação dominante.

Pessoas que são predominantemente sinestésicas reagem fundamentalmente a sensações. Suas vozes podem ser mais melosas e geralmente usam metáforas no mundo físico e estão sempre se agarrando a alguma coisa mais concreta. As coisas do mundo sinestésico são "pesadas", intensas e estes clientes precisam entrar em contato com o mundo à sua volta.

Eles têm extrema facilidade com relacionamentos, se emocionam facilmente com problemas alheios e dão muito valor às amizades. Quando estão em ambientes de que estão gostando, encontram muita dificuldade em ir embora. Costumam ser emotivos e levar as coisas para o lado pessoal, podendo causar grandes confusões se interpretarem algo errado.

Essa é uma característica muito forte desse perfil, pois eles sofrem e se alegram muito mais intensamente. Não têm pressa, falam num tempo lento e muitas vezes fazem longas pausas entre as palavras e tem uma tonalidade mais baixa e profunda na voz. Um dos seus maiores prazeres é comer bem. Os clientes sinestésicos são tão sensitivos que conseguem se lembrar de cheiros antigos. Gostam de comprar com vendedores já conhecidos, pois preferem comprar de amigos.

> **Não deixe o seu cliente percebê-lo como fornecedor. Ele precisa lhe enxergá-lo como parceiro.**

Outro aspecto que define esse perfil é o fato de gostarem de tocar as pessoas com mais frequência quando estão conversando com elas e são geralmente mais carinhosos. Em um atendimento, podem dizer com frequência frases como as listadas abaixo:

- Ainda não peguei o que você quer dizer.
- Eu não sinto que esse produto seja para mim.
- Acho que podemos firmar um acordo.
- Meus instintos me dizem que esse ainda não é o produto que procuro.
- Não me sinto confortável com essas condições.
- Estamos passando por momentos difíceis. Estou em dúvida.
- Entre em contato comigo.
- Estamos sob pressão para cumprir os prazos.
- Eu amei a ideia.

Você sabe que o cliente sinestésico adora tocar e usar as coisas. Sabendo disso, explore bastante a apresentação do produto que está tentando vender e faça-o experimentar o que você está apresentando. Esse cliente reage bem quando reconhece demonstrações de afeto em você, vendedor. Para o cliente sinestésico aceitar suas recomendações, ele precisa "sentir" que está certo. São clássicos tomadores de decisão

172 você não vai mais conseguir vender assim

com base nas suas intuições e, com isso, sentir confiança no vendedor é imprescindível.

Assim como nos outros dois modos de comunicação que já vimos, quando um perfil sinestésico fizer uma pergunta ou declaração usando "palavras sinestésicas", você deve repetir as palavras dele. Se o cliente disser, por exemplo, "Sinto que este ainda não é o produto certo para mim", você deve espelhar suas palavras dizendo, "Entendo que você sente que este ainda não é o produto certo para você. Porém, você me permite apresentar outro produto para ajudar a encontrar algo com o qual se sinta confortável?".

Outra dica importante é sempre reservar tempo na sua agenda. Quando souber que está lidando com o perfil sinestésico, não marque compromisso sério e inadiável. Esteja também preparado para confidenciar coisas pessoais suas. Afinal, relacionamento é uma troca. Priorize o que é importante para o seu cliente e ajude-o a comprar de você.

Outra característica importante desse perfil de cliente é que adoram conversar. É o cliente mais fácil de se investigar, embora possa ser o mais difícil de analisar, uma vez que ele dá a impressão de que está gostando de tudo e quer ser seu amigo. Apresente as vantagens de adquirir o produto e dê atenção, estando sempre preparado para gastar tempo com ele.

Eles gostam de acolhimentos calorosos, beijos e abraços, e compram na emoção. Portanto, precisam gostar do vendedor. Esteja disponível, mas coloque limites, caso contrário ele pode se tornar seu amigo e não seu cliente, correndo o risco de ele fechar o negócio com outro vendedor.

Faça-o decidir limitando as opções, solicitando que escolha até conseguir direcionar a sua compra. É empolgado e motivador, dessa forma, tenha visão de futuro para levá-lo a sentir a experiência de usufruir do produto ou serviço que você está apresentando.

Com isso, temos detalhados todos os três tipos de clientes e as melhores técnicas para abordá-los para garantir a venda. Agora que já sabe como cada perfil enxerga o mundo e se comporta nele, você já pode dizer que tem o poder de dominar o seu cliente. Já sabe que esta é a maneira mais rápida e com o menor custo para aumentar as suas vendas. Mas para isso se tornar uma realidade, para você transformar seu conhecimento em resultado, é preciso praticar.

Nesta etapa de adequação e aprendizado sobre os três canais dominantes de comunicação do seu cliente, é importante que você conserve a prática de anotar as frases de seus clientes. Este exercício me ajudou muito e vai ajudar com que você sinalize com maior facilidade se o seu cliente é visual, auditivo ou sinestésico e, com isso, direcionar a sua comunicação de maneira mais assertiva, ampliando o seu poder de persuasão. E poder de persuasão é venda.

Treine e em pouco tempo você será capaz de reconhecer e de responder aos canais de comunicação do seu cliente com assertividade e isso se tornará um hábito. Você irá fazer sem perceber. E para quem estiver de fora, quando vir o tamanho das vendas que você estará fechando, vai até dizer que foi sorte, mas você sabe muito bem que tudo foi graças ao seu esforço. Muita prática e uma visão de futuro que somente os vendedores Quebra-Regras possuem.

Estou com você nesse desafio!

Conte comigo e vamos juntos quebrar as regras!

174 você não vai mais conseguir vender assim

E agora que você conquistou mais um planeta, ainda mais perto da conquista do seu universo, que nome vai dar a ele?

Vamos revisar todos os pontos importantes deste capítulo:

► Existem três tipos de cliente: o visual, o auditivo e o sinestésico, e cada um possui formas diferentes de se abordar para chegar à decisão de compra.

► O modo de comunicação de seu cliente é a linguagem com a qual ele pensa, compreende e toma decisões.

► O perfil visual valoriza a personalização, a customização do atendimento, a estética, a beleza e a exclusividade. Irrita-se quando precisa esperar. Dê total atenção a ele.

► O perfil auditivo aprecia relações individualizadas e costuma ser muito detalhista, valoriza a precisão, a exatidão. Esteja preparado.

► O perfil sinestésico gosta de acolhimentos calorosos e compra na emoção. Ele precisa gostar do vendedor, mas cuidado para não se tornar amigo dele e acabar não vendendo nada.

especialize-se: escolha o nicho de atuação e o seu cliente ideal

capítulo 12

Vou contar uma verdade para você, vendedor, que pode não ser novidade, mas vai representar toda a diferença na hora de abordar seu cliente e também na forma como irá conduzir suas vendas daqui para a frente: o cliente atual não quer mais se relacionar com pessoas generalistas. Parece óbvio, não é mesmo? Mas lembra, lá na introdução deste livro, quando falamos sobre a forma como a internet tem mudado a maneira como as pessoas chegam até você?

Pois é preciso estar atento a essas mudanças, que representam toda uma nova forma de se abordar a área de vendas e como você vai tomar a sua decisão para continuar sendo um vendedor mediano, ou vai se destacar e transformar-se em um vendedor Quebra-Regras. Lembre que, na maioria das vezes, o cliente chega até você sabendo o que quer. Ele já está informado e busca tudo o que precisa saber sobre aquele determinado produto ou serviço na internet, seja pelo Google, Bing ou outros sites de busca, e até em grupos de discussão de redes sociais.

Costumo dizer que o cliente paga por aquilo que você sabe que ele não sabe, pois aquilo que ele já conhece, a única coisa que você vai conseguir negociar é o preço. Portanto, faço uma pergunta bem provocadora para você: o que você sabe que o seu cliente não sabe?

> **O vendedor precisa ter atitudes que façam com que o cliente o perceba como uma autoridade.**

E é para sair da média que o vendedor Quebra-Regras precisa se especializar, ter um nicho. Por exemplo, se você vende seguro, tem de ser o melhor segurador em um único aspecto. Não dá para ser segurador de vida, de carro, de um monte de coisas, porque se o seu nome vem à mente do cliente, ele tem de pensar em algo específico e não em um vendedor generalista. É isso o que o cliente quer: lidar com especialistas, porque o geral ele já consegue sozinho.

A era do vendedor generalista acabou. Você precisa enxergar serviço como autoridade. Quanto mais especialista você for, mais próximo à realidade do seu cliente você estará. Mais parecido com ele você vai ser. E quanto mais parecido com o seu cliente, mais ele vai gostar de você, pois nós gostamos de quem se parece mais conosco.

Vou dar um exemplo que vai ajudar a entender melhor o conceito de nicho e de como o cliente procura aquele que é mais especialista. Imagine que você tenha um iPhone 7 que precise de manutenção. Existem duas lojas para esse tipo de aparelho: a loja A é autorizada Apple (fabricante do iPhone), especializada nos modelos 5, 6 e 7. A loja B é também uma autorizada, mas especializada apenas no modelo 7. Em qual delas você vai levar? Certamente na B, não é mesmo?

Então, reflita sobre essa resposta: se você levaria, por que seu cliente não vai levar?

178 você não vai mais conseguir vender assim

Esse simples exemplo prova para você que quanto mais se especializar, mais procurar um nicho para trabalhar, melhor você irá se posicionar diante do mercado. As pessoas têm medo de se especializar, pensando que vão perder outras demandas. Numa época em que as vendas são consultivas e não mais transacionais, em que a preocupação não é mais no produto e sim na pessoa, em resolver um problema que o seu cliente tem, você precisa de nicho para ser especialista naquele negócio.

Voltando ao iPhone: as pessoas não compram um iPhone apenas por ser um celular e sim pelo que o aparelho pode fazer por elas ou o que ele representa para essas pessoas. E você, vendedor especializado, vai saber entender isso e pensar com a mesma mente de seu cliente, fazendo com que ele se identifique, porque você entende o que esse produto significa para ele.

Buscar um nicho deve ser a meta de todo profissional, não apenas para vendedores: vale para o professor de educação física, corretor de imóveis, coach, fotógrafo, pediatra, jornalista, e assim por diante. Todos devem procurar se especializar em um nicho se quiserem sair do anonimato, em se tornar um Quebra-Regras. Pois quando falarem o seu nome, isso trará uma única e poderosa mensagem à mente do cliente, que saberá que está em boas mãos quando chegar até você.

O grande problema dos vendedores da atualidade – e isso abrange todas as categorias, do vendedor de prego ao de turbina de avião – é que a maioria fica esperando o marketing ou a empresa trazer o cliente para ele quando, na realidade, esse cliente deveria ser bônus e não o ônus da sua profissão. O que é esse bônus? Ele complementa o cliente que você já tem. Não estou dizendo que ele é descartável, mas sim que você não pode viver disso.

Esse cliente, quando vem, ou você é o primeiro dos 100 vendedores com os quais ele vai conversar, ou o último dos 100 a que ele já foi. Mas quando você vai ao encontro do cliente, tem a oportunidade de saber qual é o problema dele, já que, na maioria das vezes, ele sequer sabe que tem esse problema.

O que é um vendedor bom que estuda o cliente? O mercado é dividido em negócios de Empresa para Empresa (*Business to Business*, em inglês, ou simplesmente B2B) ou Empresa para Consumidor (*Business to Client*, ou B2C), mas ambos, para mim, terminam em H2H, *Human to Human*, em inglês, que traduzindo seria Humano para Humano. Portanto, o que estamos abordando aqui vale para as duas situações e não apenas na conversa entre vendedor e cliente.

Vários especialistas no assunto falam sobre a importância de se considerar essa nova forma de lidar com vendas. O vendedor que está focado em produto visita alguém para vender seguro de vida, por exemplo, ou fazer pilates, alegando que é bom para a saúde e previne problemas na coluna. O corretor de imóveis que é focado em produto está preocupado em vender um, dois ou três dormitórios.

Os negócios de empresa para empresa se preocupam em fornecer o melhor produto ou serviço para aquela empresa. Mas o profissional que está focado em *Human to Human*, antes de visitar aquele cliente, faz um estudo de quem é ele: qual é a sua principal dor, suas maiores dificuldades, que tipos de problemas são um empecilho para a sua vida.

> **A solução do problema do seu cliente é uma ótima oportunidade para você gerar valor para o seu relacionamento com ele.**

180 **você não vai mais conseguir vender assim**

Vale a pena lembrar que quanto mais específico for o seu nicho, mais relevante você será: em um único nicho é possível se especializar em apenas um "subnicho", como determinada faixa etária, momento profissional (início da carreira ou perto da aposentadoria), cargo que a pessoa ocupa em uma empresa, se é empreendedor individual.

Um bom exemplo são empresas especializadas em moda apenas para pessoas acima do peso, ou marcas que atendem apenas determinados grupos sociais e até fabricantes que só fazem sapatos com numerações maiores. Quanto mais específico for o seu nicho e o seu público enxergar isso como valor, maior será o seu diferencial.

Essa é a grande sacada. Se você vai ao encontro do seu cliente de uma forma estratégica e inteligente, primeiro deve estudar esse cliente, saber quais são suas principais dores. A venda é um processo de transformação do estado atual para o estado desejado.

Outro gravíssimo erro que a maioria dos vendedores comete é a preocupação com o concorrente, que vende a mesma coisa que ele, mas com um preço menor. Isso é uma grande mentira, não há concorrência aí, a não ser que você seja focado em produto. Mas quem é focado no ser humano, em entender essa pessoa, não vai dizer isso. Por quê? Porque você sabe qual é o problema desse cliente e vai resolver isso para ele.

Vamos voltar ao exemplo do iPhone: se você tem um aparelho dessa marca, dificilmente o motivo de sua compra será o mesmo de outra pessoa que tem o aparelho (ou que optou por outra marca). O motivo para você adquirir um iPhone pode ser por conta da facilidade de mexer no sistema operacional do aparelho, outra pessoa pode ter comprado o celular pelo status de ter um smartphone da Apple ou mesmo por causa dos programas que ele tem que não existem em outros aparelhos de sistemas diferentes. Então, como os dois produtos (o seu e o da concorrência) podem ser iguais?

Portanto, se você sabe qual problema o cliente vai resolver com o seu produto, você gera valor. Mas se não sabe, então vira commodity e todo mundo em commodities pode vender, e às vezes, com valores mais baixos que o seu.

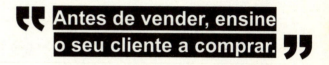

> **Antes de vender, ensine o seu cliente a comprar.**

Essa é uma lição importante e serve desde para o vendedor de prego até o da turbina de avião. As pessoas compram as coisas pelos mais diversos motivos. Não adianta, por exemplo, se você for vendedor de automóveis, mostrar o carro como um todo, por melhor e mais famosa que seja a marca: você tem de focar no que o cliente quer saber sobre o modelo, pois é ali que está o problema.

Se o cliente quer a esportividade do carro, não adianta falar do modelo, dos prêmios que ganhou, do preço. Ele quer saber do motor: foque nisso. Mostre para ele a velocidade do carro, o poder que ele vai ter. É isso que o vendedor precisa focar e a maioria não faz, caindo sempre no lugar-comum, junto da média, e não é isso o que queremos para você, vendedor Quebra-Regras de alta performance.

O CLIENTE IDEAL

Conhecer o seu cliente é primordial para se tornar um especialista. E para afinar isso, vamos trabalhar com o método PCI (Perfil de Cliente Ideal), que vai ajudá-lo a definir qual a persona do seu cliente, quem é o melhor perfil para você atender. Muitas vezes, as pessoas falam que não têm clientes e por isso as vendas não aumentam, mas isso só acontece porque são vendedores generalistas.

Porque se forem especialistas em um único assunto, saberão muito bem onde encontrar novos clientes. E o exercício da persona vai ajudar a encontrar e saber onde estão esses clientes. Porque o especialista sabe qual a profissão de seus clientes, se é casado ou solteiro, quais os hobbies que ele mais curte, seus ídolos, as marcas que admira e assim por diante.

Qual é a importância de buscar o nicho?

Como exemplo, vamos analisar o mercado imobiliário: um corretor que vende imóveis no perfil do Minha Casa Minha Vida é diferente de um corretor que vende alto padrão. E se estou no nicho do Minha Casa Minha Vida, sei a barbearia a que meu cliente vai, o restaurante onde ele almoça, o desenho que os filhos dele gostam de assistir. Mas se você não tiver um nicho, nunca vai saber disso. O vendedor generalista vai tentar adivinhar: "Ah, o desenho animado é o 'da moda'", por exemplo. E pode ser algo totalmente diferente, bastante específico daquela faixa de clientes ou região. E você precisa saber disso, porque sem conhecer verdadeiramente o seu cliente, você acaba sendo mais um.

E como você chega até esse cliente pelo método PCI?

Primeiramente, temos que criar a persona desse cliente ideal. Você vai reunir todos os dados reais sobre as características demográficas e comportamentais de potenciais clientes, de modo que possa identificar características comuns e, dessa forma, personalizar sua comunicação com eles, tornando seu discurso mais natural e efetivo na hora de lidar com seus clientes.

A construção dessa persona pode ser feita por meio de análise de sua base de dados de vendas anteriores, ou de clientes que compraram determinado produto ou serviço que você vende. Esse é o melhor caminho para a criação de sua persona, com dados reais. É importante que leve em conta a sua percepção sobre o que seus potenciais clientes desejam do produto ou serviço para o qual está construindo essa persona.

Agora, se você não tiver uma base de dados, há outra forma. Aqui, você irá contar com a sua percepção aspiracional, ou seja, o que você entende que o cliente deseja com aquele produto ou serviço. Por não ter uma base de dados concreta, é importantíssimo que você seja o mais realista possível, pois o desenvolvimento correto dessa persona vai depender da sua percepção e de suas experiências.

E por que é tão importante saber quem é a nossa persona? Porque é dessa forma que conseguimos ser mais efetivos nas ações tomadas e teremos uma noção exata de como chegar até o nosso potencial cliente, saber onde ele se encontra, o que é valor para ele e traçar estratégias de como abordá-lo e também de adequar nossa linguagem e comportamento ao perfil desse cliente. Sabendo tudo sobre esse potencial cliente, você ganha em efetividade, otimiza seu tempo e aumenta a produtividade, e consequentemente, vende muito mais.

Para construir essa persona de forma mais assertiva, recomendo a você baixar um arquivo, no endereço bit.ly/livroQR, que tem um rápido questionário a que você irá responder, com o máximo de sinceridade, todas as informações solicitadas, que vão desde faixa etária, sexo e renda, até as preocupações dessa persona com relação ao produto que vai comprar, meios de comunicação utilizados para se informar e até quais

184 você não vai mais conseguir vender assim

são os principais problemas e desafios dessa persona ao adquirir o seu produto ou serviço.

Lembre que todas as perguntas devem ser respondidas de acordo com a realidade. Se você tiver uma base de dados, isso fica mais fácil, mas se não tiver é importante aproximar-se mais da realidade dessa persona, do contrário você estará trabalhando com achismos. Respondido esse questionário, você estará apto a criar a persona do seu cliente ideal.

> **A meta é você conhecer tão bem o seu cliente que o seu produto ou serviço se adapte por si só.**

Você conhecerá todos os gostos dele, seus maiores anseios e dificuldades. Entenderá o que ele busca em um produto ou serviço e estará a um passo de gerar mais confiança para esse cliente, que imediatamente se identificará com você e o terá como um especialista e não mais como um vendedor genérico. Para esse cliente, você não será mais um de 100, e sim o único que o entende.

Aí é que está a importância de saber criar a persona certa e fazer com que você seja assertivo em todas as próximas vendas, gerando valor para esse cliente, que facilmente estará a um passo do fechamento da compra.

O sucesso é todo seu!

Parabéns! Mais um planeta conquistado! Que nome você vai dar a este planeta? _____

Vamos rever tudo o que falamos neste capítulo:

▶ O cliente atual não quer mais se relacionar com pessoas generalistas.

▶ O cliente paga por aquilo que você sabe que ele não sabe; aquilo que ele já conhece, a única coisa que você vai conseguir negociar é o preço.

▶ Você precisa enxergar serviço como autoridade.

▶ Quanto mais especialista, mais próximo à realidade do seu cliente.

▶ Vendas, em qualquer ocasião, é a relação de uma pessoa com a outra (*Human to Human*).

▶ Criação de persona: método PCI por análise de dados ou percepção aspiracional.

persuasão: perguntas inteligentes para vender mais

capítulo 13

Uma vez, estava no Recife fazendo uma palestra e fui passear no shopping próximo do hotel onde estava hospedado. Como gosto de comprar, vi uma camisa branca de marca na vitrine de uma loja. Entrei para perguntar o preço da camisa. A vendedora me cumprimentou, perguntou o meu nome e falou que aquela *camisa branca de malha* custava R$ 497,00!

Olhei para a cara dela e falei: "Você está louca?".

Ela riu e me perguntou: "Você é daqui?".

"Não", respondi.

"Você está a trabalho?", ela quis saber e respondi que sim.

"Você trabalha com quê?", ela perguntou e respondi que estava realizando uma palestra sobre técnicas de motivação de vendas de alta performance para o mercado imobiliário.

"Puxa, acho muito bacana saber sobre o mercado imobiliário", ela disse, admirada, e começou a fazer perguntas sobre as minhas palestras. Ou seja, ela começou a mostrar interesse pela minha pessoa, por mim. E quem não gosta de falar de si próprio?

Então, a vendedora perguntou: "Guilherme, você é uma pessoa muito conhecida no Brasil?" Eu, meio tímido, respondi: "Sou".

"E tem muita gente que o acompanha?"

"Sim, tem muita gente que me acompanha", disse.

"Puxa, você deve ser uma pessoa de grande relevância no seu segmento, né?"

"Sim."

"Deve ser o formador de opinião no seu segmento e influenciar muitas pessoas no mercado imobiliário, pela experiência na área, seus erros e aprendizados que você já teve, não é?"

"É, realmente, eu influencio muitas pessoas", respondi.

"Muitas pessoas devem se inspirar na sua história", ela observou.

"Sim, já tive relatos de pessoas que se inspiraram em minha história", lembrei alguns casos de participantes de palestras minhas que vieram contar como se inspiraram na minha trajetória para chegar ao topo como vendedores Quebra-Regras.

Depois dessa conversa, ela virou para mim e disse: "Não tem aquela camisa branca lá, Guilherme? Pois ela foi feita para pessoas que têm autoridade, são relevantes, gostam de impactar a vida de outras pessoas e profissionais que gostam de gerar poder e influência através do *dresscode*, da vestimenta, assim como você".

Ou seja, em uma rápida conversa, ela já sabia quem eu era, fez toda uma investigação. E a única coisa que eu disse para ela, depois dessa conversa, foi: "Pode parcelar?".

O problema já não era mais o preço da camisa e sim como eu ia pagar, pois ela identificou quem eu era, compreendeu meus anseios, o que eu desejava para a minha vida, o que certos aspectos de minha vida representavam para mim como pessoa e profissional. Mas se ela, no primeiro momento, discute comigo o preço da camisa e fala da qualidade do produto, dificilmente eu teria fechado aquela compra.

Mas por ser uma vendedora focada no cliente, ela entendeu qual a minha necessidade, me investigou, me colocou na história dela e falou o que eu ia ganhar com aquela camisa. Aí ela me venceu. Ela deu o valor que a camisa teria para mim.

> **O cliente sabe o preço. Cabe ao vendedor apresentar o valor.**

Então, o bom vendedor, antes de chegar ao produto, precisa identificar a real necessidade que fez o cliente chegar até ali através de perguntas investigativas, em cujas respostas o cliente irá externar a sua vontade, desejo, frustrações e anseios, para que aí o vendedor transforme isso e tangibilize em algo concreto. Porque venda é emoção. E está tangibilizada na consciência do cliente através do produto ou serviço que ele está adquirindo.

Esse é o grande diferencial.

Um exemplo envolvendo carros: imagine você chegando em uma concessionária da BMW para comprar o modelo 320. O que o vendedor vai fazer? Provavelmente, levá-lo para um *test drive*. Essa é a prática em qualquer concessionária quando o cliente vai em busca de um automóvel. Mas quer saber? Está errado.

O vendedor tem de conhecer primeiro o cliente, o que ele está querendo com a compra daquele carro. O certo seria fazer perguntas para descobrir o que o cliente quer com aquele modelo específico. Comece perguntando se conhece a marca. Se sim, pergunte se tem ou já teve um carro da BMW. Se a resposta for positiva, pergunte se gostou e o que mais chamou a atenção nos carros da montadora. Depois, pergunte do modelo específico do que esse cliente mais gosta nesse modelo? O que ele busca ao adquirir uma BMW 320?

São perguntas investigadoras que vão servir para entender qual a dor do cliente. Porque quando o vendedor mostrar o carro para esse cliente, não vai mostrar o carro por completo, pois o que trouxe aquele cliente ali não foi o carro como um todo, mas foi o airbag que traz segurança, a motorização, a esportividade, o status de um sedan, a marca, por ser de uma grife alemã...

Então, tenha em mente que se você não souber o motivo pelo qual o cliente veio até você, sua atuação jamais vai gerar valor para esse cliente.

USANDO AS PERGUNTAS CERTAS

Existem várias correntes de pensamento em que vendedores profissionais palestrantes afirmam que as perguntas abertas são melhores do que as perguntas fechadas. Sou totalmente contra esse tipo de pensamento, pois não importa se seja uma pergunta aberta ou fechada, o que importa é o objetivo que quero atingir ao fazer a pergunta.

Se tenho noção e domínio no que desejo saber sobre o meu cliente posso usar tanto uma pergunta aberta quanto fechada. Tudo vai depender do momento. O que importa é se a resposta do cliente estará de acordo com o que desejo para que ele me entenda e seja atendido da melhor maneira.

Lembra-se do que falamos no capítulo anterior sobre a diferença entre o vendedor mediano e o vendedor Quebra-Regras? O primeiro vende

192 **você não vai mais conseguir vender assim**

produto, ele está focado em vender para atender; já o vendedor fora da média, o que enxerga as relações *Human to Human*, tem como preocupação entender para vender. E como ele faz isso? Com perguntas investigativas, perguntas que façam o cliente externar a sua insatisfação.

O cliente nunca sabe dizer o problema dele. E sempre a primeira informação que o seu cliente dá nunca é o que realmente o aflige. Daí a importância de o vendedor Quebra-Regras investigar por meio de perguntas inteligentes e não invasivas.

Imagine um corretor que recebe um cliente que deseja comprar um imóvel próximo ao seu local de trabalho para sair do trânsito. Então, o corretor generalista vai mostrar um imóvel com esses atributos, quando na realidade não é isso o que o cliente quer. Ele não sabe externar. Isso eu chamo de primeira verdade. Um bom vendedor, nesse caso um bom corretor, deve descobrir qual é a segunda verdade do seu cliente.

Portanto, ele deve fazer mais perguntas. Por exemplo, se o cliente fala que quer sair do trânsito, o que o vendedor precisa saber para "matar" a dor desse cliente é: o fato de ele ficar preso no engarrafamento tem ocasionado que perda na vida do cliente? Ele não consegue mais ir à academia? Ou não consegue ver o filho acordado? Ou ficar preso no trânsito não permite que esse cliente faça faculdade?

Então, o problema não é o trânsito, e sim o que o trânsito acarreta para a vida dessa pessoa. E aí é que está o "pulo do gato", o que a maioria dos vendedores não foca, pois o que vai levar o seu cliente a tomar a decisão mais imediata, a diminuir o processo de compra, que está cada vez maior, é focar justamente no que o trânsito impacta na vida dele. Porque se você sabe isso, tem a dor dele, e se tem a dor dele, tem a alma dele.

Você trabalha a necessidade do cliente ou a sua necessidade?

É por isso que o vendedor de alta performance, o vendedor Quebra-Regras, faz perguntas investigativas. E é bom deixar isso bem claro, essa conversa tem de ser um diálogo e não um interrogatório. A conversa precisa fluir, senão o cliente vai se sentir como em uma delegacia. Deixe-o naturalmente contar as coisas.

A seguir, separei uma lista bastante útil com perguntas inteligentes que vão ajudá-lo na maioria das situações para identificar a "dor" do seu cliente. É importante que você as memorize e sugiro o seguinte exercício: escreva 10 vezes cada pergunta, para que se torne mais natural quando você dirigir uma delas a seu cliente. E depois repita, em voz alta, cada uma delas, para poder ouvi-las e senti-las.

Para cada pergunta, imagine três respostas diferentes do seu cliente. Essas respostas têm de ser inteligentes, pois você vai simular a continuação dessa conversa e vai retornar outros questionamentos que estarão baseados nestas perguntas.

1. Se você comprasse esse produto (ou adquirisse esse serviço), qual seria o seu nível de satisfação?

2. Entendo que o valor está acima do que você esperava e sei que adquirir esse produto (ou serviço) é importante para você. Do que você pode abrir mão por um pequeno período para ter este produto (ou serviço)?

3. Estou aqui para ajudá-lo a ter a melhor solução. Para isso, preciso entender sua necessidade, saber o que você verdadeiramente busca. Me explique, por favor?

4. Como posso ajudar você a comprar este produto (ou serviço) ainda hoje?

5. O que posso fazer, sem baixar ainda mais o preço, para você adquirir esse produto (ou serviço)?

6. No seu ponto de vista, quais serão os principais benefícios desse produto (ou serviço) para a sua vida, assim que o adquirir?

7. Imagine você (ou sua família, ou sua empresa) com esse produto (ou utilizando esse serviço). Em que melhorariam as coisas? Como seria a vida de vocês?

8. Entendo que esse não é o melhor momento para adquirir esse produto (ou serviço), mas que tipo de satisfação pessoal você teria assim que o comprasse?

9. Quais são os obstáculos que estão atrapalhando a sua tomada de decisão?

10. O que está faltando para que você fique satisfeito com esse produto (ou serviço)?

11. Obrigado por visitar nossa loja (ou empresa). Mas antes de ir embora, posso lhe fazer uma pergunta? O que eu poderia ter feito, mas não fiz, para você adquirir nosso produto (ou serviço)?

12. Se você estivesse no meu lugar como vendedor, o que diria para me convencer a comprar esse produto (ou serviço)?

13. Na semana passada, atendi um cliente com um perfil muito parecido com o seu que ficou muito satisfeito com a compra desse produto (ou serviço). Como posso ajudá-lo a decidir agora e proporcionar a mesma satisfação que proporcionei para o outro cliente?

14. Percebi que você está em dúvidas sobre esse produto (ou serviço) que posso fazer para acabar com elas?

15. Quanto vale resolver o seu problema? Você realmente acha cara a solução dele?

16. Esse produto (ou serviço) é exclusivo e diferenciado, é seleto e poucos têm a oportunidade de tê-lo. Pense como vai ser quando falar para seus amigos que o adquiriu.

17. Entendo quando você fala que o mercado está em recessão e que vivemos em uma crise. Agora, pense: o que você poderia começar a fazer para mudar a sua realidade?

18. Daqui a 12 meses você espera ganhar mais ou menos do que ganha hoje? Então crie um fluxo de parcelas maior para daqui a 12 meses quando você receber seu aumento.

19. Entendo que esse produto (ou serviço) é de valor alto, é diferenciado e para pessoas que valorizam coisas boas da vida. Quanto vale para você tê-lo antes dos seus amigos?

20. Na busca desse produto (ou serviço), o que é mais importante para você?

21. Há quanto tempo está pensando nesse produto (ou serviço) que acabou de encontrar e que só você tem o poder de decidir se realiza ou não esse sonho?

22. Entendo que esse produto (ou serviço) está acima do valor inicial. No momento, para atender suas expectativas, qual outro tipo de produto (ou serviço) atenderia suas necessidades?

23. Está indeciso entre escolher o produto (ou serviço) A e B? Pense no seguinte: se você pudesse usá-lo por uns dias, gratuitamente, qual deles preferiria ter?

196 você não vai mais conseguir vender assim

24. Que nota, de 0 a 10, você dá para esse produto (ou serviço)?

25. Esse produto (ou serviço) é para você? Corresponde ao seu perfil e ao que você busca?

26. A decisão de compra só depende de você ou de mais alguém?

27. De 0 a 10, qual seria sua satisfação se estivesse usando esse produto (ou serviço)?

28. Se dependesse só de você, você compraria esse produto (ou serviço) agora?

29. A vida passa muito rápido, nós trabalhamos muito e abdicamos de muita coisa para economizar dinheiro. Você não acha que vale a pena investir mais em você?

30. Com todos os benefícios apresentados, o que o impede de investir agora e comigo?

31. Meus clientes avaliam que eu proporciono uma ótima experiência de vendas. Você acredita que proporcionar essa experiência é um grande diferencial?

32. Você se considera uma pessoa decidida ou perde oportunidades como esta?

33. Muitos acreditam em crise, outros sabem aproveitá-la. Você percebe que, muitas vezes, é na crise que se pode realizar sonhos e desejos?

34. Compreendo que esse não é o momento para possuir esse produto (ou serviço). Agora, imagine se você o ganhasse hoje de presente. De 0 a 10, qual seria sua satisfação?

35. Entendo que o investimento é alto, mas vale a pena pagar um pouco mais e ter um produto (ou serviço) com mais qualidade?

36. Você acredita que poderá se arrepender se deixar de comprar esse produto (ou adquirir esse serviço) com todas as vantagens que eu apresentei?

37. Se hoje você pudesse se dar um presente, você compraria esse produto (ou serviço) de que gostou, sem preocupações?

38. Se ganhasse na Mega-Sena, você compraria esse produto (ou serviço)?

39. Esse produto (ou serviço) é importante para você? O que você mais valoriza na compra: um desconto, qualidade ou um bom atendimento?

Lembre-se sempre de adaptar essas perguntas à sua realidade e à de seu cliente e deixar que a conversa flua naturalmente. E não se esqueça: as primeiras respostas do seu cliente sempre são mentirosas. Por quê? Porque ele não o conhece. Você não gerou confiança. Ele não o olha como autoridade, como especialista.

Se você deseja comprar um carro de R$ 50 mil, quando chega numa concessionária, vai falar que tem R$ 50 mil? Possivelmente não. Sempre vai jogar um número mais baixo ou até maior para não ficar constrangido, dependendo de como foi o seu atendimento.

O vendedor precisa saber que as primeiras respostas do cliente tendem a não ser as verdadeiras e precisa fazer perguntas investigativas para identificar a verdade. E isso só vai acontecer quando o cliente o enxergar como autoridade, especialista, e se sentir confortável. Porque o cliente, para chegar a isso, precisa gostar de você, e quando gosta de você ele o escuta, acredita em você e compra de você. Esses são os passos para gerar uma compra.

Porque quanto mais parecido com você, mais ele gosta de você, por isso a necessidade do nicho, de ser especialista, como falamos no capítulo 12. Usar terno é a melhor vestimenta? Tudo depende do perfil do cliente: se ele

198   você não vai mais conseguir vender assim

usar terno, você usa também, e que seja a marca que o seu cliente veste. Observe a importância do nicho novamente.

Agora é a sua vez de mostrar o que aprendeu, usando essas perguntas e todo esse conhecimento no seu dia a dia.

Vejo você no pódio!

Mais um capítulo finalizado e um novo planeta conquistado. Que nome você vai dar a mais esta etapa? _____

Hora de revisar o que aprendemos neste capítulo

▶ Antes de chegar ao produto, identifique a real necessidade que fez o cliente chegar até ali.

▶ Perguntas investigativas vão ajudá-lo a definir o perfil e as dores do cliente.

▶ Tangibilize a vontade, o desejo, os anseios de seu cliente. Transforme venda em emoção.

▶ Se o vendedor não souber o motivo pelo qual o cliente veio até ele, jamais vai gerar valor na venda.

▶ A utilização de perguntas abertas ou fechadas vai depender do fluxo da conversa.

▶ O vendedor mediano está focado em vender para atender e o vendedor Quebra-Regras tem como foco entender para vender.

▶ O vendedor Quebra-Regras gera confiança e autoridade e faz com que o cliente se identifique com ele.

prospecção: domine as diferentes formas de vender para 100% da pirâmide do momento de mercado

capítulo 14

hegamos ao último capítulo do nosso livro e aqui vamos abordar um tema que poucos vendedores têm paciência para explorar em sua totalidade e que se torna a diferença entre você, vendedor Quebra-Regras de alta performance, e os demais: a prospecção. Muitas vezes, ela é malvista pela maioria dos vendedores pelo tamanho do trabalho que se dá para realizá-la de modo certo e que nunca dá resultados muito satisfatórios.

Mas vou lhe perguntar uma coisa: gostaria de parar de disputar o seu cliente com uma concorrência feroz? Ou de criar a própria demanda e fazer com que os clientes cheguem até você de uma maneira mais assertiva e automática? Está cansado de gastar a sua energia em prospecções que não dão resultados reais? Já não suporta mais conviver com a ideia que o seu cliente sumiu?

Pois preste bastante atenção neste capítulo, em que vou ensinar a você como atingir 100% o seu potencial de clientes compradores por meio de uma prospecção mais compatível com o mercado na atualidade. Você irá aprender a empregar a sua energia de maneira mais inteligente, otimizando seu tempo e potencializando a sua prospecção. Você será capaz de construir o caminho mais rápido que fará o seu cliente chegar até você sem precisar disputar atalhos com a concorrência.

Com as técnicas que vou apresentar neste capítulo você nunca mais vai dizer que o seu cliente sumiu. E essas dicas valem para todos os perfis de vendedores, desde o profissional que cuida de grandes contas até o que está atrás do balcão de uma loja vendendo para o varejo. Você vai bater sua meta todo mês e ainda vender muito mais.

> **A melhor maneira de captar é fazer com que as pessoas o encontrem.**

Durante toda a minha prática na área de vendas, nunca vi nenhum profissional dizer que gosta de fazer prospecção. Pelo contrário. Eu mesmo tinha medo e aversão à prospecção e não é difícil entender o porquê: de todos os clientes que eu prospectava, somente uma pequena porcentagem vinha comprar comigo.

Sempre achei que prospecção era uma tremenda furada, muita energia gasta em vão. Não percebia o retorno real desses esforços e é bem provável que seja por isso que a maioria dos profissionais de vendas não goste de prospectar. É muito trabalho para pouco resultado. E para piorar, a prospecção tem outras peculiaridades: é sacal, pois ninguém gosta de ser rejeitado, de sentir que está incomodando, de receber um "não". E muitas vezes preferimos ficar na nossa zona de conforto, aguardando que o cliente chegue até nós.

No entanto, uma pesquisa levantada pelo consultor de negócios norte-americano Chet Holmes, em seu livro *A máquina definitiva de vendas*, mostrou, na Pirâmide do Momento de Mercado, elaborada por ele, que somente 3% dos nossos clientes em potencial estão comprando agora.

E mesmo assim, a sua venda não está garantida, pois há outra dezena de profissionais prontos para vender a esses clientes.

É por isso que prospectar da forma como você está fazendo até hoje é tão desgastante. É como procurar agulha no palheiro, pois para cada 100 contatos que você faz, apenas três pessoas estão comprando agora e talvez darão a chance de comprar de você. Isso se você conseguir encontrá-las e encantá-las em sua primeira abordagem.

O estudo de Holmes vai além. Diz que você pode encontrar um total de 7% dessas pessoas que estão abertas à possibilidade de compra. São pessoas insatisfeitas com alguma coisa, mas ainda não têm certeza de que querem adquirir um novo produto ou serviço agora. E os outros 93% desses potenciais clientes? Segundo Holmes, ou eles não estão pensando nisso agora, ou não estão interessados, ou ainda estão certos de que não estão interessados.

(Holmes, Chet. Pirâmide do Momento de Mercado)

A Pirâmide do Momento de Mercado de Holmes nos mostra por que a prospecção, na maioria das vezes, não funciona. Estamos querendo, o tempo todo, vender apenas para aqueles 3%, ou no máximo 10% de todos os nossos potenciais clientes. Ou seja, um pequeno universo em que você e todos os outros vendedores estão trabalhando com clientes que estão saturados e que talvez seja por isso que você ande dizendo que não consegue mais encontrar clientes.

E como fazer para atingir esses 100%? Primeiramente, você precisa entender quais são os três tipos de prospecção que existem. Ao dominar cada uma e empregá-las em conjunto, você poderá dominar 100% do seu mercado.

TIPOS DE PROSPECÇÃO

A primeira é a **prospecção 1.0**, que se refere às práticas de prospecção direta. É a que estamos mais familiarizados: visitando o cliente em sua casa ou local de trabalho, realizando chamadas de ativação, abordagem direta a pessoas, pedindo indicações a amigos e conhecidos.

Nessa forma de prospecção também se incluem as campanhas comerciais, que são formas de ativar o cliente diretamente, como panfletagem, estandes de vendas, feirões. Também incluímos aqui as estratégias de marketing realizadas pelas empresas parceiras, como anúncios em jornais, revistas, rádios. Ou seja, estratégias diretas que ligam o cliente ao produto.

Essas estratégias são denominadas estratégias de marketing transacional, pois visam a uma transação, uma comercialização direta do produto para quem deseja adquiri-lo. O objetivo é "pegar no laço" aquele cliente que tenha interesse em adquirir o seu produto ou serviço naquele momento. Porém, como já vimos, até 3% têm interesse em adquirir seu produto naquele exato momento e apenas 7% estão abertos a sugestões de compra.

O grande desafio de trabalhar somente nesse universo de 3% a 10% é que você e todos os outros estão trabalhando, o que torna a concorrência mais voraz. Mas é ainda onde queremos estar, pois é neste percentual que as

204 **você não vai mais conseguir vender assim**

negociações acontecem. A prospecção 1.0 é a forma mais antiga de prospectar. É trabalhar no século passado, mas é ainda a forma de prospecção mais utilizada pelos vendedores, pois já estamos acostumados a fazer.

Mas pergunto para você: por que ficar nesse oceano vermelho? É muita energia gasta para resultados pequenos. Você vira mais um profissional e por isso fica desanimado e forma a crença limitante de que prospectar não dá certo. Fica dependente de o cliente aparecer ou das campanhas da empresa ou do produto. E nem sempre o cliente vem...

A segunda forma de prospectar é a **prospecção 2.0**: as ações de atratividade do cliente (que vamos também chamar de marketing), passa a ser focado para o relacionamento. Deixa de ser o marketing transacional e passa a ser o marketing de relacionamento. E como já vimos antes, nos capítulos anteriores, o relacionamento é importante para vender e tem sido explorado desde a década de 1980, embora ainda pouco conhecido e empregado no dia a dia dos vendedores. O objetivo é se relacionar com o seu cliente: o que já comprou com você e o que pode vir a comprar com você.

Cliente é qualquer pessoa que tenha tido algum contato com você, mas é preciso construir uma relação mais próxima com ele, mostrar que você se preocupa com ele, e não está apenas interessado em vender para ele. Não o deixe solto, pois quando ele precisar adquirir um produto ou serviço que você vende é atrás de você que ele irá.

Lembra que já falamos isso anteriormente? Você precisa ser a referência de profissional para ele, pois esse cliente o vê como uma autoridade. Mudar o foco da prospecção para o relacionamento é começar a trabalhar com os outros 90% da pirâmide e não apenas os 10% da pirâmide. E lembre-se, ambos se complementam.

E, por fim, a **prospecção 3.0**, que se refere a inserir estratégias de marketing digital em sua dinâmica de trabalho para atrair novos e potenciais clientes, aqueles 97% com os quais os vendedores comuns não trabalham. Essa se inicia no ambiente virtual, passa pelo relacionamento e termina no presencial.

Ela é mais abrangente do que a 2.0, pois trabalha a prospecção virtual, fazendo com que os seus futuros clientes continuem interessados no seu trabalho. Ao conseguir sua rede de contatos, você irá construir um relacionamento, trazendo esses futuros clientes para perto de você, para que se torne o referencial deles. O objetivo é fazer com que deem a você uma chance de vender para eles. Na prospecção 3.0, você cria *insights*, gera neles a necessidade de compra.

Tendo em vista todas as três formas de prospectar, é importante lembrar que nenhuma substitui a outra. A Prospecção 1.0 é tão importante quanto as demais e devem ser todas usadas em conjunto, pois cada uma delas atinge diferentes camadas da Pirâmide do Momento de Mercado. Essas formas de prospecção se complementam, nenhuma é melhor do que a outra. E, com isso, você transforma potenciais clientes em compradores.

COMO PROSPECTAR

Nesta parte final do capítulo, vou ensinar a você algumas técnicas que aprendi no decorrer de minha carreira como corretor e profissional da área de vendas que vão ajudá-lo a prospectar de forma mais assertiva, de modo que você nunca mais precisará depender dos clientes que entram no showroom de sua loja ou empresa para ter um salário.

Sua meta é adicionar continuamente ao seu registro de prospectos pessoas que gostaram de você, confiaram em você e o respeitaram, para que

206 você não vai mais conseguir vender assim

quando precisarem do produto ou serviço que vende, seja você a pessoa que irão procurar para ajudá-los em suas aquisições.

Por que manter contatos é tão efetivo? Todo mundo gosta de se sentir importante, e quando você mantém contato, é assim que as pessoas realmente se sentem! Afinal, a maioria gasta quase todo o dinheiro que ganha em suas vidas e dificilmente alguém vai ligar ou enviar uma mensagem para elas de agradecimento por terem comprado algo, principalmente depois de a compra ter sido realizada e a comissão ter sido recebida pelo vendedor. Portanto, faça diferente. Lembre-se do seu cliente sempre.

Todo mundo gosta de negociar com um amigo. Seus clientes adorariam conhecer um médico, um dentista, um bombeiro, um advogado e especialmente um vendedor em seus negócios com quem se sentem confortáveis em negociar. Se você se tornar amigo deles na área que atende, terá sucesso garantido porque sempre irão visitá-lo para suas necessidades naquela área. E a boa notícia é que irão contar para todos que conhecem sobre o amigo no ramo em que você atende.

> **Cliente traz cliente.**
> **Cliente é o maior vendedor da empresa.**

Crie o Efeito Onda. Todas as pessoas que você conhece conhecem mais pessoas. Algumas delas irão contar a um amigo e algum dos amigos irão contar para outros amigos. Quando você continua conhecendo mais pessoas, elas continuam contando a mais amigos que irão contar para mais pessoas ainda sobre o ótimo vendedor que eles conheceram. E você venderá mais.

Deixe que saibam quem é você e onde trabalha. Prospectar não é tentar vender a um estranho alguma coisa por correspondência, por telefone ou pessoalmente. Isso se chama "tentar vender a um estranho alguma coisa" e é muito mais difícil de fazer. Ou seja, apresente-se como vendedor a pessoas como o gerente do seu banco, o frentista do posto de gasolina para o qual você diz "oi" cerca de duas vezes por semana, seu vizinho e até estranhos. E deixe que todos saibam quem você é, o que você faz e onde você trabalha. Você não está tentando vender, e sim conhecer mais pessoas, para que quando elas estiverem prontas para comprar alguma coisa, você seja o único vendedor que elas conheçam nesse negócio.

Saiba quem são os seus potenciais prospectos de acordo com o seguinte diagrama, que você pode acesso também virtual, para consultar quando quiser. Basta fazer download pelo endereço: bit.ly/livroQR.

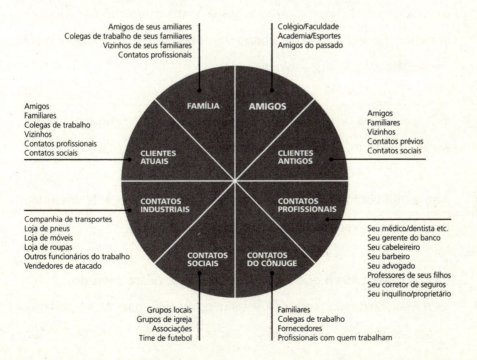

Comece a prospectar com as pessoas mais fáceis de conversar. Depois que você possuir a base de seus clientes, amigos, parentes, mercado e assim por diante, comece a conversar com essas pessoas numa base mais pessoal. Busque sempre as que são mais fáceis de se iniciar uma conversa, que têm potencial para se tornarem seus futuros clientes ou indicar possíveis clientes para você. Seja comunicativo.

Registre tudo em seu planejamento mensal. Monitore o seu trabalho mensal, aprenda a medir suas ações, até mesmo as de prospecção. Siga todos os caminhos que você realizou suas prospecções (e-mail, correspondência, pessoalmente e assim por diante) para ver qual método está resultando em uma melhor resposta e mais vendas. Se você estiver prospectando uma lista e realizando o fechamento de 27% de todos na lista, consiga mais listas. Por outro lado, se você estiver trabalhando em uma lista em particular e realizando 1% de fechamento, consiga uma lista diferente. Trace um caminho para tudo e você saberá exatamente onde investir seu tempo prospectando.

Este é o último capítulo do nosso livro e também o último planeta a ser conquistado. Qual será o nome dele? _____

Agora que você chegou ao fim do livro, quero que você dê um nome também para o seu universo: _____

Vamos rever tudo o que foi mais importante neste capítulo:
- ▶ A Pirâmide do Momento de Mercado mostra que somente 3% dos nossos clientes em potencial estão comprando agora. Cerca de 7% das

pessoas estão abertas à possibilidade de compra e os outros 90% não estão pensando nisso agora, ou não estão interessados, ou ainda estão certos de que não estão interessados.

► A prospecção 1.0 é relacionada às práticas de prospecção direta: visita ao cliente, atendimento no showroom, publicidade, indicações, campanhas comerciais.

► A prospecção 2.0 é focada no relacionamento. Relacione-se com o cliente que já comprou com você e o que pode vir a comprar de você.

► A prospecção 3.0 corresponde a inserir estratégias de marketing digital, trabalhar no ambiente virtual, para trazer os clientes até você.

► Nenhuma das formas de prospectar substitui a outra, mas se complementam.

decida-se agora!

hegamos agora à conclusão de nosso livro, que espero ter sido tão proveitoso para sua leitura quanto foi para mim escrever e ajudá-lo a indicar o caminho dos verdadeiros vendedores Quebra-Regras, o QR, os vendedores de alta performance. Mas a jornada não termina aqui, mas começa agora. E a decisão de continuar esta revolução é somente sua. Decida-se agora!

Se você leu atentamente tudo o que compartilhei com você, deve ter notado que não escrevi um livro puramente de técnicas, que ditam o que você deve ou não fazer. Meu intuito foi provocá-lo. Não estou aqui para ajudar a criar copiadores, que apenas farão o que está escrito e não terão autonomia própria para pensar as melhores estratégias para conquistar seus clientes, baseado no que foi aprendido aqui.

Minha intenção com este livro é exatamente essa: ajudar você a pensar, a encontrar em você mesmo as respostas para o seu crescimento profissional, para o alcance dos seus objetivos. Para tanto, contei o que vivi e o que aprendi, pois verdadeiramente acredito que essa experiência pode fazer a diferença na sua vida. Afinal, tenho um sonho e não abro mão dele: elevar a carreira de vendedor aos mais altos patamares de legitimidade perante a sociedade e transformar você em um vendedor de alta performance!

Este livro é uma das formas que encontrei para realizar o meu sonho. Eu verdadeiramente acredito que será capaz de ajudar você a direcionar a sua mente e suas atitudes para importantes mudanças, fazendo-o questionar as suas práticas, sair da zona de conforto, viver de forma mais livre, sem regras, abandonar as crenças que o impedem de vencer e ser muito mais feliz.

Escrevi sobre o que vivi, sobre o que aprendi com os meus erros. Não tive qualquer pretensão de formular tratados ou teorias novas. Falo de prática e grande parte do que escrevo trazem ideias tão óbvias que você pode custar a acreditar que elas funcionem. No entanto, compreendê-las e ousar inseri-las em seu dia a dia significa assumir um compromisso verdadeiro com a gestão da sua carreira.

Os vendedores comuns param no óbvio e permanecem na média. Já os vendedores Quebra-Regras usam o óbvio para descobrir novas habilidades, novos fazeres e avançar rumo ao pódio.

> **Vendedor de verdade é um apaixonado por gente. Assim pensa, assim age e assim vive o vendedor QR.**

Tudo o que está registrado aqui foi escrito com muito carinho. Cada palavra foi planejada pensando no melhor para você. Todos os capítulos trazem muito de mim, daquilo que sou e acredito. Você tem ao seu alcance um arsenal poderoso para iniciar uma revolução. Mas se você não for em busca do que quer, nunca terá. Se não perguntar, a resposta vai ser sempre "não", e se não der um passo à frente, nunca sairá do lugar.

você não vai mais conseguir vender assim

Vá à luta. Mude aquilo que você acredita que precisa ser diferente. Obstáculos vão surgir em seu caminho. Muitos deles eu até mencionei aqui e tantos outros você ainda vai descobrir. Só que quanto mais quebra-regras você for, mais fácil será ultrapassá-los. Sua vida não muda com seus pensamentos e sim com suas atitudes. Comece agora.

O PROCESSO NÃO ACABA

A busca pela melhoria nunca termina. A evolução é um processo contínuo. O vendedor deve periodicamente analisar suas práticas, reajustar comportamentos, rever os objetivos e as decisões importantes da sua vida. Ao longo deste livro uma ideia se repetiu propositalmente em todos os capítulos, ora de maneira implícita, ora explícita: a necessidade de você estar em um estado permanente de qualificação.

O mercado é mutante, novos produtos e conceitos são lançados, novas tendências são exploradas, novos perfis de clientes são consolidados. É preciso estar atento para acompanhar essas mudanças. Não há fórmulas prontas. Você é o principal agente de mudança. Descubra o próprio caminho que o levará ao sucesso. Os *insights* deste livro podem e vão ajudá-lo, mas cabe a você aprimorá-los para adequá-los à sua realidade de mercado.

> **A distância entre o querer e o poder é apenas fazer!**

Convido você a fazer parte do nosso clube exclusivo, o **QR Club**, voltado para vendedores Quebra-Regras que, como você, querem mudar a imagem do profissional de vendas e atingir o ápice da sua profissão. Entre no endereço www.guilhermemachado.com/QRclub, esteja por dentro de todas as novidades exclusivas do clube que é a maior comunidade de vendedores de alta performance do Brasil, e faça parte dessa rede vencedora.

Nos encontramos no topo do mundo, no pódio, porque lá que é lugar de vendedor e vendedora campeões, onde estão os Profissionais Quebra-Regras!

Só existe transformação com conhecimento e ação!

#GOQR

O sucesso te aguarda!

216 você não vai mais conseguir vender assim

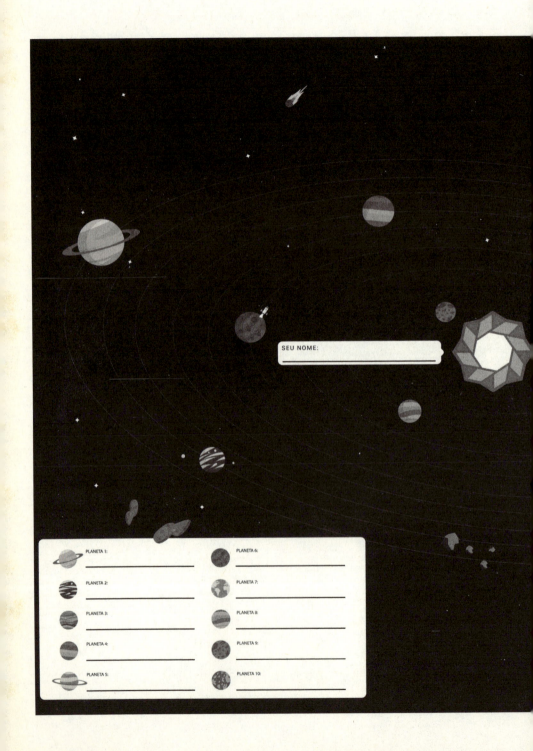

Guilherme Machado

referências bibliográficas

ACHOR, Shawn. *O Jeito Harvard de ser feliz*: o curso mais concorrido de uma das melhores universidades do mundo. São Paulo: Saraiva, 2012

CIRILLO, Francesco. *The Pomodoro Technique*. 3ª ed. FC Garage GmbH, 2013.

COLLINS, Jim. *Empresas feitas para vencer.* 1ª ed. São Paulo: HSM, 2013.

COSTA, Jaques Grinberg. *84 perguntas que vendem*: Maximize os resultados em vendas com perguntas inteligentes. 1 ª ed. São Paulo: Ser Mais, 2015.

DRUCKER, Peter. *The practice of management.* EUA: HarperBusiness, 2010.

DUHIGG, Charles. *O poder do hábito*: Por que fazemos o que fazemos na vida e nos negócios. 1 ª ed. Rio de Janeiro: Objetiva, 2012.

EKER, T. Harv. *Os segredos da mente milionária.* 1ª ed. Rio de Janeiro: Sextante, 2006.

FERRY, Tom; MORTON, Lara. *Sem Limites para o* sucesso: Um guia sobre como tirar a sua vida do piloto automático e realizar todos os seus sonhos. 1ª ed. São Paulo: Universo dos Livros, 2010.

GITOMER, Jeffrey. *A Bíblia de Vendas.* 1ª ed. São Paulo: M. Books, 2010.

GOLEMAN, Daniel. *Inteligência Emocional*: A teoria revolucionária que redefine o que é ser inteligente. 11ª ed. São Paulo: Objetiva, 1997.

GRINBERG, Renato. *A estratégia do Olho do Tigre.* 8ª ed. São Paulo: Gente, 2011.

HARKINS, Phil; HOLLIHAN, Keith; LINIGER, Dave. *Everybody wins*: the stories and lessons behind RE/MAX. 1ª ed. Nova Jersey, EUA: Wiley 2007.

HILL, Napoleon. *Atitude mental positiva.* 1ª ed. Porto Alegre: Citadel Grupo Editorial, 2015.

HOLMES, Chet. *A máquina definitiva de vendas*: Turbine seu negócio com um foco implacável em 12 estratégias. 1ª ed. Rio de Janeiro: Alta Books, 2014.

LINDSTROM, Martin. *A lógica do consumo*: Verdades e mentiras sobre por que compramos. 1 ed. Rio de Janeiro: Nova Fronteira, 2009.

MAXWELL, John. *As 21 leis irrefutáveis da liderança*. 1ª ed. São Paulo: Vida Melhor, 2015.

ROBBINS, Anthony. *Poder sem limites*: O caminho do sucesso pessoal pela Programação Neurolinguística. 1ª ed. São Paulo: Best Seller, 1997.

SCHIFFMAN, Stephan. A *bíblia do vendedor*. 1ª ed. São Paulo: Gente, 2014.

STOLTZ, Paul Gordon. *Adversity quotient: turning obstacles into opportunities*. 1ª ed. Nova Jersey, EUA: Wiley, 1997.

VIEIRA, Paulo. *Fator de enriquecimento*: Uma fórmula simples e poderosa que vai enriquecê-lo e fazer você atingir seus objetivos. 1ª ed. São Paulo: Gente, 2016.

VIEIRA, Paulo. *O poder da ação*: Faça sua vida ideal sair do papel. 1ª ed. São Paulo: Gente, 2014.

REVISTAS E ARTIGOS

ADAMSON, Brent. *O fim da venda de soluções*. Harvard Business Review Brasil. São Paulo, volume 90, número 8, páginas 22-31, agosto 2012.

SPENCE, Sean A. & FRITH, Chris D. *Towards a Functional Anatomy of Volition*. In: *The Volitional Brain*: Towards a neuroscience of free will. Edited by: Benjamin Libet, Anthony Freeman & Keith Sutherland. Exeter: Imprint Academic, 2004.

FILME

A máscara do Zorro. Direção: Martin Campbell. EUA: Columbia TriStar Filmes do Brasil, 1998, 1 DVD.

ME ADICIONE E SIGA NAS REDES SOCIAIS:

f /GuilhermeMachado.Palestrante

▶ /guilhermemachadoquebreasregras

in /quebreasregras

⊙ /quebreasregras

☎ (27) 9-9262-4374

ACESSE AGORA:

www.guilhermemachado.com

Este livro foi impresso pela Gráfica
Assahi em papel norbrite 66,6 g em
junho de 2019.